原本影印 **芳山遺稿**

《방산유고(芳山遺稿)》 해제

1. 형태서지

필사본 총3책으로 구성되어 있으며 따로 권(卷)이 나누어져 있지 않다. 1책은 표지를 포함하여 86면이다. 1책의 표지에는 '芳山遺稿 1'이라고 기록되어 있지만 속지에는 '石潭雜稿'[1]와 '無何遺稿'[2]라고 기록되어 있다. 이를 통해 제목을 '방산유고(芳山遺稿)' 외에도 '석담잡고(石潭雜稿)'나 '무하유고(無何遺稿)'로 제목을 정하려고 했던 것으로 추정된다. 2책은 102면으로 구성되어 있는데, 역시 다양한 문체들이 혼재되어 있다. 3책은 1책과 2책에 비해 다소 적은 분량인 66면으로 구성되어 있다. 3책 모두 필사본이라 행간의 간격이나 글자수는 동일하지 않다.

2. 저자사항

방산 선생의 이름은 시중(時中)이고, 자는 성범(聖範)이며 진산부원군(晉山府院君) 강맹경(姜孟卿)의 17세손이다. 선생은 고종 병자년[1876] 12월 10일에 태어나 경진년[1940] 5월 초하루에 돌아가셨으니, 국권이 침탈된 일제강점기를 오롯이 살았던 유학자였다. 무오년[1978] 연민(淵民) 이가원(李家源) 선생이 지은 묘갈문(墓碣文)에 따르

1) 石潭遺稿 : '石潭'은 방산 선생의 초기에 사용했던 호이다.

2) 無何遺稿 : '無何'는 방산 선생의 사용했다는 기록은 없지만, 또 다른 호로 추정된다.

면 "선생은 어려서부터 남다른 자질로 마을 글방에서 몰래 책 읽는 소리를 들었고, 남들이 글자를 익히는 것을 몰래 살펴보고는 땅에 글씨를 흉내내었다. 15살에 처음으로 죽일(竹逸) 정호용(鄭灝鎔) 선생에게서 수업을 받아 이미 경서(經書)와 역사에 박학하였고, 사방으로 책 상자를 지고 부지런히 스승과 벗을 찾아다녔다.[幼有異質 村有塾 潛聽誦書聲 竊習字 畫地以倣之 年十五始受讀于鄭竹逸灝鎔 旣博涉經史 負笈東西 勤訪師友]"라고 한 것으로 보아 어렸을 때는 독학을 하다가 15살 무렵 죽일 선생을 사사한 것으로 확인된다.

스승 죽일 정호용(1855~1935) 선생은, 방산과 동향(同鄕)으로 외세의 침입으로 눈앞에 닥친 현실적인 문제를 지적하는 〈경국선략(經國選略)〉 등을 지어 나라를 경영하는 11가지 요점을 주창하였다. 또 유가 정신에 입각한 학문의 중요성을 강조한 〈학론(學論)〉·〈학설(學說)〉·〈성학원론(聖學原論)〉·〈학과(學課)〉 등을 지어 학문을 바탕으로 현실적 문제해결을 제시한 지식인이었다. 죽일 선생이 세상을 떠나자 방산은 스승의 글을 수집하고 정리하여, 1941년에 배원찬(裵源燦), 죽일 선생의 아들 정좌영(鄭左永) 등과 함께 《죽일집(竹逸集)》을 간행을 주도하였다.

방산 선생은 경상남도 통영과 고성, 진주 등 서부 경남 일대에서 주로 활동하였다. 애초에 선생은 자신의 벗 완산(玩汕) 김지옥(金址沃)이, "심지가 돌처럼 굳건하고 그대의 마음이 못처럼 맑으니 '석담(石潭)'이라고 하는 것이 마땅할 것이다."라는 말을 수긍하여, 처음에는 '석담'을 자신의 호로 삼았다가, 이후 살던 고을의 안산(案山)에 해당하는 벽방산(碧芳山)에서 차용하여 방산(芳山)이라고 자호(自號)로 삼으면서 평생 고향에서 살 뜻을 천명하였다.

선생은 평생 성인의 가르침을 실천 덕목으로 삼았다. 그러나 일본의 침략으로 나라가 침탈을 목도하고 현실을 극복할 방안을 철저히 모색한 끝에 교육이 유일한 길임을 자각하고 원산리(院山里)에 도원학당(道院學堂)을 개설하고, 도산면 최초의 도산공립보통학교(道山公立普通學校) 설립에 힘을 기울였다. 이러한 교육에 대한 일념은 공리공론(空理空論)이 아닌 실학적 교육을 통한 현실의 개혁만이 국권을 회복할 수 있다는 애국계몽운동의 일환이었다.

3. 《방산유고(芳山遺稿)》의 구성 및 작품

《방산유고》는 3권, 317편으로 구성되어 있는데 자세한 내용은 아래와 같다.

《방산유고 1책》 총153편

책수	분류	작품명
1	시(詩) 85수	1)晉陽吟社 2)冬至 3~4)燈【二首】 5)雨後賞石榴花 6)讀性齋許先生集 7)又 8)霽林聽禽 9~20)送族君世濟之咸陽【十二絕】 21)鐵城官 22)桃村李先生碑 23)天王山 24)泗川 25)矗石樓 26)赤壁江 27)盤松亭 28)山淸郡 29)徐氏江亭 30)與客飮酒黃花下 31)夜雨小集 32)雜詩有所思 33)早春寄沙月齋益友 34)貞夫人達城徐氏孝烈碑 35)沙月齋黃花下重陽飮 36~37)寄曺詞伯【二絕】 38)和景石 39~45)遊日本【雜絕七首】 46)天滿橋 47)上石山寺 48)日光山 49)富士山 50)歸國時周中作 51)月影臺 52)華陽驛車中飮酒 53)龍醒師晬韻 54)餞春 55)李監察康閏孝行記實碑 56)徐廷遇妻李氏烈行記實碑 57)金煥聲回甲韻 58)種竹吟示戒家中諸節 59)亢旱詩贈朴佑根 60)八月十三日夕陽閒步江村 61)戲贈金貞一 62)秋夜獨酌八月十三夜 63)與五六諸益池中捕魚 64)謹次貞夫人金海金氏彰烈詩 65)除夜吟 66)寄鄭碧我 67)誘怒妻 68)讀故李忠武公閑山島夜吟詩有感而作兼痛時事之非【二絕】 69)黃主事石庵先生回甲 70)又【代作】 71)秋夜懷朴晦夫 72)大雪大雪後三日送晦夫詩寄其子琦璋 73)元朝 74)題李謜榮心齋山庄 75)端陽日與李心齋謜榮 76)元道常諸益松鶴峯小集 77)謝河鍾洛晩悟以詩見寄 78)送金永泓歸安泉寺 79)被酒過野 80)祈雨祭文 81)菁川 82)與友會飮 83)東大寺大佛 84)東都 85)徐主事浩鄭議官與琴隱先生諸益遊鳶島吟
	만사(輓詞) 19수	1)挽李直員克善 2~3)挽河公漢植【二首】 4)挽朴振浩 5)挽金泰沃 6)挽朴直員鎭驥 7)挽教授李敬律 8)挽金公五衛將三柱 9)挽曺君官五 10~11)挽金儀喆【二絕】 12)挽戚叔朴祉昊 13)挽朴祉昊【代作】 14)挽崔景烈 15)輓孔貞浩氏 16)挽金象坤氏 17)挽金象坤氏【代作】 18)挽族祖姑朴氏母孟浩 19)徐夫人孝烈讚
	서간문(書簡文) 38편	1)答金牧村址沃書 2)答李鍾淳書 3)與金牧村址沃書 4)答河鍾洛書 5)答李丈季彦書 6)呈車參奉善明書 7)與姜世濟書 8)答金榮珉書 9)與朴佑根書 10)戲答前郡守車善明書 11)與白郡守南日書 12)與朴佑根書 13)示戒子侄 14)與女壻金貞一書 15)答書畵研友會長金址沃書 16)與鄭爀琦書 17)

		呈李鎭三書 18)與金鍾祺書 19)與金牧村址沃書 20)上竹逸鄭先生灝鎔書 21)文廟堂員僉狀 22)醫說寄劉南鎭聖國 23)與劉南鎭書 24)與女壻金貞一書 25)答族祖永鎬書 26)答族祖永鎬書 27)答奇主事相憲書 28)愛吾井銘 29)與某友書 30)上族祖永鎬書 31)與李鎬翼書 32)答族祖永鎬書 33)又 34)上東山齋譜廳僉宗 35)與李鎬翼書 36)請査狀 37)答河鍾洛書 38)上族祖永鎬書
	비문(碑文) 1편	金炫國施惠碑文記
	명(銘) 2편	1)郡守祈雨紀念貝盤銘 2)愛吾井銘
	서발문(序跋文) 1편	送朴晦夫西遊序
	잡저(雜著) 5편	1)張翰佑妻金氏烈行褒闡單字 2)讀老釋遺經 3)文廟堂員僉狀 4)讀李忠武公全書 5)書海岡蘭竹譜後
	제문(祭文) 2편	1)祭舍伯文 2)祭崔正湧周尙文

《방산유고 2책》 총113편

권수	분류	작품명
2	시(詩) 31수	1)春懷金亮炫璟洛 2)謹次伴鷗亭原韻幷記見文集中 3)次三笑庄韻 4)過日本東京作 5)歎士友不從 6)被酒過野 7)題李譓榮心齋山庄 8)亢旱詩贈朴佑根 9)中秋夜懷 10)中秋十五夜懷池詞伯翼江友人 11)甲戌四月二十日飮酒登山暮行野中偶吟 12)五月十七日往看小子目疾有大差效暮歸喜賦得七絶仲秋夜月下獨酌 13)中秋夜月下獨酌 14)仲秋夜懷李心齋 15)勸孫元讀書得元字三十四韻 16)次徐轎峰湛順契原韻 17)松竹軒 18)仲秋與朴必元敬善對酌 19)春皐金貞一席上與石溪金允五對酌 20)柳屋 21)追悔 22)懷金亮炫璟洛 23~24)題峴南居士重用佐川韻贈別玩山詞伯詩後【二首】 25)臘月日示鳳元叔姪 26)酒後漫筆五古三十韻 27~28)拙妻回甲日乙亥有感【二首】 29)又 30)竹坡李圭玄晬日 31)人嘲吟簡玩汕居士
	만사(輓詞) 38수	1)挽朴祐根 2)挽朴祐根 3)輓金象坤氏【代作】 4)輓丹邱崔主事 5)輓圓明宋和尙【二首】 6)輓朴司果尙溫丈 7)挽主事族丈允明 8)挽巴山李公 9)又【代

		作】 10)挽五衛將曺公德承氏 11)又【代作】 12)哭故迎日鄭丈顯鎔氏 13)挽族侄基彦 14)輓車公 15)輓宋子善 16)挽議官鄭碧我 17)挽李景振 18)挽李君龍燮君英邁而早死 19)挽李丈景霖 20)挽金丈眞杓 21)挽李鍾勳 22)挽崔丈祥益氏 23)仝上代著 24)挽竹逸鄭先生 25)仝上代著 26)挽金丈鍾奭 27)仝上代著 28)挽車相活氏 29)挽金丈鎭教氏 30)挽族祖永和氏 31)回甲日哭母氏靈座前 32)挽姜善日【代著】 33)又【代著】 34)挽族侄善父 35)挽宋永克【二首】 36)哭故迎日鄭丈顯鎔氏 37)挽金丈鎭教氏 38)回甲日哭母氏靈座前
	서간문(書簡文) 37편	1)與金玩汕書 2)答曺珷承書 3)宣略李公起延行狀 5)孝婦南平文氏民狀 6)嘉善大夫李公周源行略 7)與族侄敬集書 8)答族祖必秀氏書 9)與金度沅書 10)孝行略選示子侄 11)與池翼江書 12)答鄭碧我書 13)與女婿金貞一書 14)答金永會書 15)與金淳哲書 16)與朴晦夫書 17)與李心齋書 18)與許主事曣書 19)答金玩汕書 20)答高永奎書 21)與鄭碧我書 22)與女婿金貞一書 23)與鄭碧我書 24)與許正斗書 25)與女婿金貞一書 26)勸學略選示子姪 27)與金玩汕書 28)又 29)又 30)漫筆示政侄 31)答權重明書 32)與金玩汕書 33)與丁氏書 34)與從孫婿李權洙書 35)答李圭玄書 36)答金玩汕書 37)與女婿金貞一書
	비문(碑文) 1편	宋氏田園小碣銘
	행장(行狀) 3편	1)宣略李公起延行狀 2)孝婦南平文氏民狀 3)嘉善大夫李公周源行略
	잡저(雜著) 2편	1)宗契創立文 2)孝行略選示子侄
	제문(祭文) 1편	密陽朴氏夫人誄詞

《방산유고 3책》 총51

책수	분류	작품명
3	서간문(書簡文) 43편	1)與族侄某書 2))與鄭左永書 3)答朴斯文仁燮書 4)答金容沅書 5)與李玄山玄圭書 6)答裵源燦書 7)答族弟聖中書 8)與裵源燦書 9)上族叔克善氏書 10)答朴淵庵書 11)答金容沅書 12) 與朴淵庵正善而正書 13)與尹一川驥

		涉書 14)與裵磻谷書 15)與本鄉儒林諸氏書 16)與鄭左永書 17)儒林僉狀 18)與鄭吉鎔書 19)與鄭左永書 20)與東床金貞一書 21)與金玩汕書 22)與鄭撰和書 23)與金玩汕書 24)與裵磻谷書 25)與朴淵庵正善書 26)與權湖巖台鎬書 27)與金貞一書 28)與族弟基中書 29)與金玩汕址沃書 30)與裵磻谷書 31)與鄭順明雨錫月下書 31)與權見重書 32)與鄭右永書 33)答朴淵庵書 34)與金貞一書 35)與族弟基中書 36)與朴淵庵正善書 37)與朴鳳國書 38)答磻谷裵源燦書 39)與金貞一書 40)與金敬坤金鍾祺書 41)與朴必元敬善書 42)與女婿金貞一書 43)與景竹契僉座書
	행장(行狀) 1편	車氏孝烈民狀草
	서발문(序跋文) 2편	1)磻谷號序 2)芳山子自序
	기문(記文) 2편	1)伴鷗堂記 2)沙溪記
	잡저(雜著) 2편	1)昭穆 2)景竹契設立發起文
	제문(祭文) 1편	1) 祭竹翁鄭公文 2)祭桂南金公鎭杓文

《방산유고》는 필사한 원본 외에도 계자(季子) 봉호(鳳鎬)가 틈틈이 선고(先考)의 원고를 필사하여 정리해 놓은 자료도 별도로 존재한다. 원본은 편집을 거치지 않은 필사본으로 여러 필체가 발견되는 것으로 보아 다수의 사람들이 참여하여 필사한 것으로 판단되며 3책의 크기도 조금씩 차이를 보인다. 또 따로 편집을 거쳐 완정(完定)되지 않은 상태라서 각 책마다 문체가 혼재되어 있다. 시(詩)와 만사(輓詞), 서간문(書簡文)이 대다수를 차지하는데, 원고의 분량으로 보아 수습되지 않고 산일된 원고가 상당수 있을 것으로 추정된다.

4. 자료적 가치

일반적으로 알려진 조선시대 유학자들은 누구나 알고 있지만, 일제강점기 때 목판이나 활자로 책을 인쇄하기란 거의 불가능했고 몇몇 간행된 자료는 대부분 중국에서 인쇄하였다. 때문에 당시 문집 등 수많은 자료들이 대부분 필사본으로 남아 있다. 《방산유고》는 지방에서 활동했던 지식으로 작품으로, 생활사·문화사 등 다채로운 주제의 글들로 구성되어 생활사 전반을 연구하는데 중요한 자료이다.

차 례

권2

권3

권1

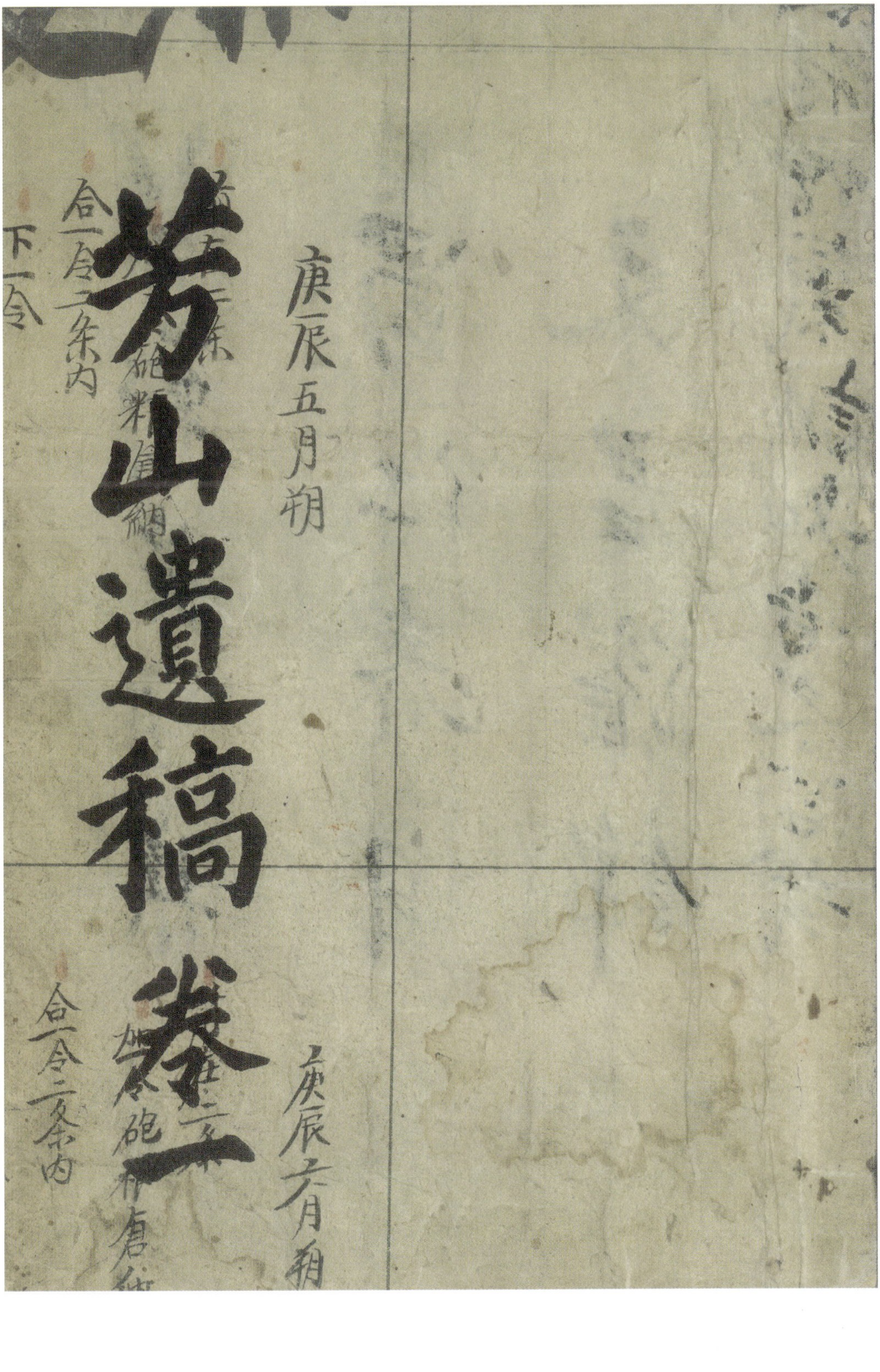
芳山遺稿 卷一
庚辰五月朔
庚辰六月朔

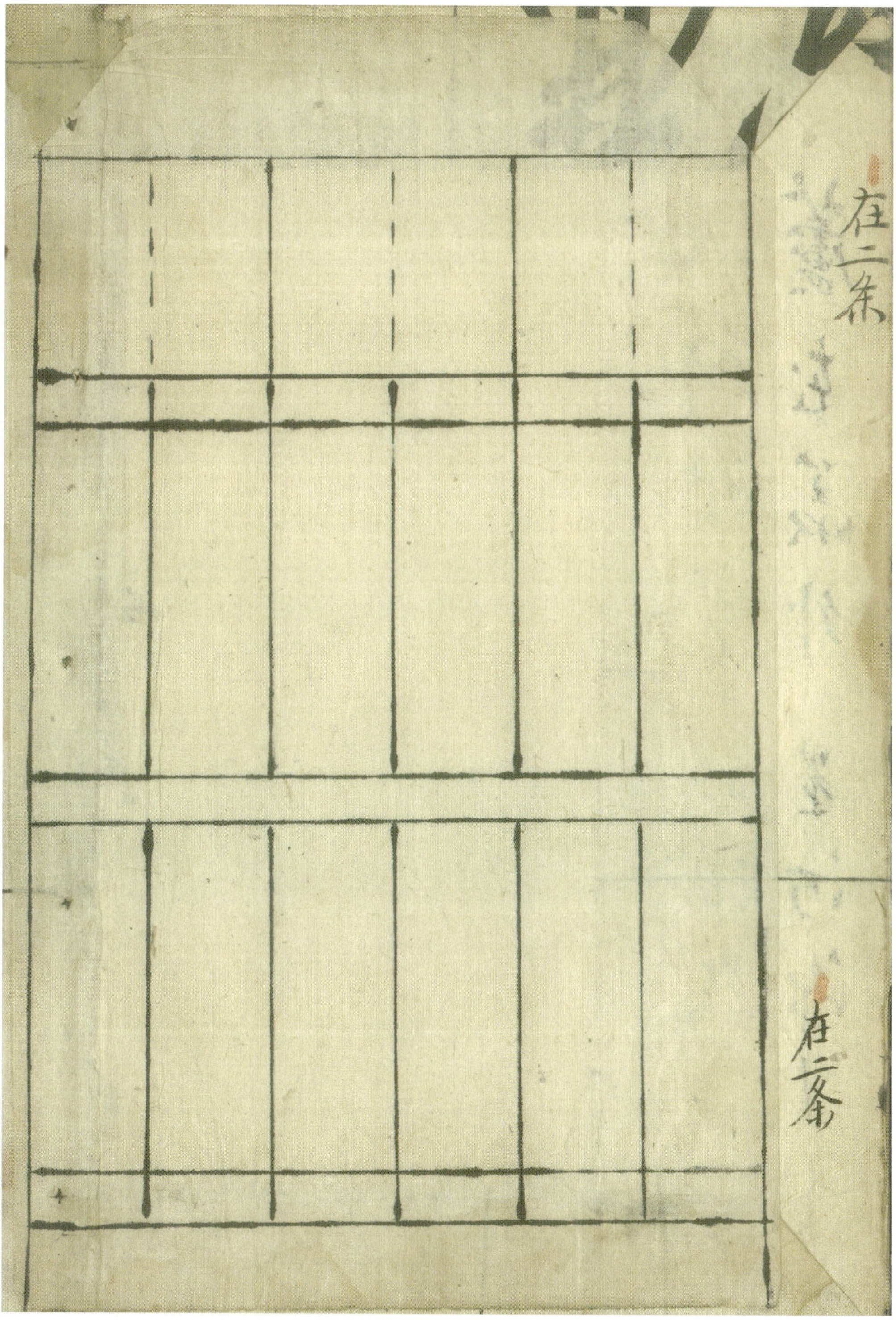
在二条
在二条

石潭雜稿

無何遺稿

晉陽吟 社

冬至

燈二首

晉陽吟社喜聞知 境亦邀人山水麗
正是寒梅欲放時 詩仍暮韻歲星移
喫来今古文千卷 便覺公源箇中在
題送東南筆萬枝 理儂漠帆去無遲

忽逢冬至見陽生 岸柳方萌烟欲暗
又送一年感世情 江梅初放水猶明
玄機自動物亨氣 何恨九州無大被
化鑰始開雷有聲 稍長日線喜寒輕

耿明不負我心初 辟間穿照吾非惜
又滿放光古壁虛 只恨無人更讀書
滿天風雨今何世 時人倘識燈前路
獨有書窓一點青 自謂尋真誤入暝

雨後賞石榴花

讀性齋許先生集 古儀節要

吾家園裡榴花發 朝來樹下紅滿地
愛欲題詩口自哦 知是清江夜雨過

紫陽家禮後千年 吾生未得親酬受
折衷群言述此篇 盡日看書意悵然

又

禮儀猶是三千餘 死去生來迷路界
何必世間萬卷書 無人不作指南車

霽林聽禽

雨晴花寂寂 巧憂歐滁韻
政是聽禽時 暗惣杜蜀詩
人方來有意 清音非不好
渠獨更移枝 吳舌誠畏之

送族君世濟之咸陽 二絕

送君今日幾時回 此去渭陽三百里
莫待庭前秋菊開 青山流水好看來

鐵城官

大野茫〻天欲低
千年停毓此城堤
臨岐莫道迷方向
西少門西路轉西

桃村李先生碑

讀碑怳若對先生
百世遺風山水清
長夜昏衢誰秉燭
凄〻風雨待鷄鳴

天王山

嵋山在此難爲山
自下看之天可攀
峯頭螺殼今如昔
易地鴻濛海一灣

泗川 時郡守俞相範有治績

到行泗上若迷津
借問當時鼓瑟人
在昔曾聞武城宰
至今太守更尋眞

菁川 古壬辰戰塲

菁川何處奠禎留
客子停鞭問古洲
尚有白頭耕野老
逢人解說壬辰秋

眞石樓 此篇當在泗川詩下

西風人倚晉陽樓
山水東南第一州
壯士佳人懷古地
年〻秋草滿汀洲

赤壁江

盤松亭

山清郡

徐氏江亭

咸陽

與客飲酒黃花下

赤壁江

行人且莫暫徘徊
赤壁江頭路轉回
猶有東山秋月在
蘓翁一去不重来

盤松亭

盤松亭上去登臨
千繞百回意轉深
板蕩人猶難保節
青青不改歲寒心

山清郡

清江一曲抱城流
萬樹參差畫角秋
地沃物豐民樂業
伽倻山下數雄州

徐氏江亭

一帶寒流奇絶處
小樓浮在水聲中
垂釣倚欄三四者
不知誰是主人翁

咸陽

山南水北曰咸陽
淑氣千年擅一方
智異山光青入眼
憑君欲問隱居良

與客飲酒黃花下

九月蜈岡~~本業黃~~寒菊芳
淋漓談笑抵斜陽
農家酒煖秋魚熟
風韻山高水又長

雨夜 小集

雜絶 有所思

與友 會飲

早春 寄沙月齋諸益

夢裡功名滌洛水
年中詩賦老江鄉
問君西去云何贈
爲采黃花泰早霜

靈雨先公及我田
農家至祝是豐年
一山松菊君爲癖
三月江湖客食烟

暮春鶯語鳴詩圖 (守更蛙鼓鳴田水)
殘夜蟹燈拾海天
過去羊腸多少路地
令人却憶夢難圓

狂風吹隙欲滅燭
何用猛將與干城
分付兒童深閉戶
自然風定燭還明

四月山陽麥正黃
清江過雨動微凉
願君無此崎嶇步
月黑露深山路長

獨行小橋末
殘雪没沓蹊
何處天心動
溪邊己放梅

貞夫人達城 徐氏孝烈碑

輿頌幾春秋
雷喧南北州
借問箇中理
應非此外求
為人當慕孔
有國必從周
摩挲孝烈碣
令我淚交流

沙月齋黃花 下重陽飲

九月海南酒政寬
此生亦有此心歡
愧吾白髮多經劫
憐爾黃花獨守寒
復將東里重陽酌
却憶龍山舊日冠
何人能識留晚節
更折素花仔細看

寄曺詞伯 二絶

欲道故人賦性初
題詩寄與讀書廬
知君心事無如我
恨未同乘李固驢

孤松小柳艸堂東
手種櫻桃無數紅
何如令戒兒曹摘
欲待君還美味同

和景石 金思玧

萬國虎橫吾道南
源源活水瀉清潭
南越曾年來白鳥
東湖何處貢黃柑
天高堯日無由蝕
地遠秦兵不敢蠶
保存餘齒從耕鑿
吾愛吾鄉海味甘

遊日本雜絶 七首

天滿橋 大阪

天滿橋南更望南
淀江春水碧如藍
尨眉釣叟眠何事
海晏山晴夢寐甘

東大寺大佛 寺在奈良県

世稱大佛我看銅
若使鑄鎔返有功
可笑人間多好事
假粧佛像說空空

京都

龍盤虎踞古都雄
淑氣千年鍾不窮
鑿井耕田民樂業
樓花爛熳滿城紅

石山寺 觀琵琶湖

一望長江意濶如
怳然勝讀半生書
遊人莫看登臨好
早作甘霖食有魚

日光山

欲看眞面目 却嫌重來晩
白雲滿山扉 瀑布不見帰

富士山

天恐東陽支柱空 行人只見峯頭雪
故教富士立海中 豈識神功囿衆叢

歸國時舟中作

樸破爲雕圜化觚 請君莫問東遊事
男兒何必老江湖 惟恐諸人不信吾

月影臺 始在昌原故孤雲先生杖屨之地也

昨日臺下去 先生曾屨杖
今日臺上來 後輩去徘徊
石面篆文碧 始古秋草浸
天心月影開 遊子不堪盃

華陽驛車中飮酒

來到華陽驛 稻花添野色
四山夕照明 木葉送秋聲

店婆喜慣面
過客不知名
急喚車中飲
與酣向鉄城

挽李直貢 克善

擧世騷々南北走
惟公憂道不憂貧
寬柔儀範終師古
慷慨雄懷老益新
地不尋常鍾有氣
天胡忍此巷無人
欲求彷彿那由得
題罷哀篇淚滿巾

挽河公漢植 二首

富貴如雲貧賤樂
惟公德義是眞豪
世間甲子無足較
耕鑿閒情酒眠高

壽不逾年仁不信
胡爲神道反參差
明日送公丹旆去
迦藍何處更來儀

挽朴振浩 朴君不幸早死

生可爲々死亦爲
洪均賦命奈乎私
顔三十歿如无定
彭八百朞是所奇

挽金恭沃 二首

金君不幸早死

我欲問天將質了
君公須從地更何之
奈何一疾遽爲酷
天上人間各抱愁
胡爲神道還多錯
福善壽仁總是虛

尋常懷抱今朝悪
憐此交情不獨悲
屈指契交知幾歲
喪君一見許春秋
何忍將來埋玉璧
我今欲作問天書

挽朴直員 鎭驥

自公早歲居
德教猶有餘
誰歎龍蛇夢
我泣馬牛裾

不答流俗回
所止古人書
欲瞻眞面目
月落夜梁虛

挽教授李敬 律

我自西還公自北
題挽忽憶舊時遊

古書歸讀洞山夜
晥蘭醲未栗里秋

衣冠明俗今猶在 壽享百年堪不足
心相締河更洗流 胡為天道反為尤

龍醒師 晬韻

學為法侶德為隣 喜老東坡重遇丙
六十年光除復新 有星南極幾多辰
晩將福力酬末世 海屋神籌未且積
遠献詩篇祝至人 再看鐵樹更回春

餞春

幾度餞春闘海東 滿頭短髮看如雪
去年今日此盃同 委地殘花不遣風
窮道遊人夕陽外 隔墻呼得西隣酒
空林啼鳥水聲中 賴有老農樂歲豐

孝監察 康閏 孝行紀實碑

来尋孝子里 養餘親不逮
屹立崑岡珉 老見孺慕新

閑

徐廷遇妻李氏烈行紀實碑(殉夫)

能令百世遠
喚起五常淪
於古多烈婦
孰其殉夫如
摩挲一片石
勝讀半生書
回首域中看
如公者幾人
霜恐氣猶暖
竹嫌心自虛
殷周今已矣
誰復旌其閭

與徐主事浩鄭議官琴隱先生諸益遊鳶島吟

曠世茲遊未有期
先生又是愛吟詩
地連東海迷黃沫
山擁南關繞翠眉
何人樂看魚鱗戲
此客恐驚鳥獸隨
漁艇信潮來復往
愧吾簑笠十年遲

徐夫人孝烈讚

孝女猶難
況復孝婦
孝婦尚然
有無烈否

猗歟夫人 如玉之潔
孝烈厥德 如竹之直
若使太史公記其實而褒其狀
當書之于孟姜之下緹縈之上

金煥聲韻 回甲

六十年翁又一年 幽花滿地貧家少
南卅三月逮賓筵 曙靄捲天瑞日鮮
壽毋無疆兄弟樂 龍華山色青入眠
眷親有禮子孫賢 仰祝遐齡更題篇

挽金公五衛將 三莊

删

公在人間知幾秋 無違敦篤方稱意
旱田甘雨濟川舟 有病博施不解憂
口口相傳殆泯滅 崇原痛哭非吾事
紛紛刻石頌歌謳 遺恨南州盛德休

種竹吟示家中諸郎

種竹為庭實
獨非愛長春
結子來鳳鳥
生孫帶龍鱗
雪裡敢持節
風前能屈身
不願謝家樹
此君是可人

元旱詩
贈朴佑根

九日北風廿一日東
西隣愁殺白頭翁
可憐萬里銀河水 誰將雲漢作甘雨
減有何由附碧空 四海生靈同歲豊

十三日夕陽

携樽步水北
滿路稻花濃
叢菊留晩節
疎篁淡秋容

八月 閑步江村
戲贈金員一

柳外鋪晴網
田間急暮蕎
瞻望忠武院
白雲西三峯

秋夜獨酌
八月十三夜

酒湯孰如吾
秋來吟病軀
銀河回屋角
玉露滿天衢

與五六諸益池中捕魚

九月六日

人歸村自靜
月白夜無孤
水淸天可挹
溪肥魚正集
呼我屠龍手
緬咸漁又繳
於漁一試
夫皆高陽徒
習
飮酒如鯨吸
不用網與餌
又無要舟楫
猛拳疾於電
個個噴血泣

才疎宜世棄
不妨卧江湖
香稻村醪熟
秋草宿雨浥
咸集期日中
夫夫来相揖
我漁異流俗
褰裳赤脚入
赤手捕活魚
魚滑手不澁
五六皆義士
子魚赦不執

驕者不可宥
殺之然後拾
老鮎深藏穴
暗覗勢頭急
餘者不足取
相對數白(獲)輯(綴)
荷出蹊上村
斜日照短笠
魚兮復魚兮
愧汝無遠圖
鳳無棲枳棘
龍不出淤池

詭獲非正理
不知者不襲
紫蟹倒上葭
自謂禍不及
小者可數貫
大者止一十
貫柳掛野店
覗者如堵立
何不遠引去
相忘乎江湖
令看汝所止
騰雲難可期

潛伏乎泥中　幸登君子盤
不葬巨魚腹　汝死猶其福
敢語物不智　里宅多美安
白首嗟可惜　我亦自不擇
仁慾本無間　物我何足道
毫釐分舜跖　沽酒破懷惡

謹次貞夫人金海金氏彰烈詩

晩来詠誦夫人烈　回死已多延命日
寒窓踈篁秋氣新　代身自久祝天晨
保存殘骨非畜活　攻紙永慕貞閑德
撫養幼孫爲嗣親　水碧山長尚有隣

挽曺君官五 不幸早死

銕甕城南賣糶翁　此行不是少年路
尨眉如雪氣如虹　我欲問天天故聾

除夜吟 寄鄭碧我

幾作除夜客
自知歲月深
人情有厚薄
天地無古今
梅將放白雪
柳欲吐黃金
徐翁勸送酒
令我覓句唫

挽金儀喆 二絶

牧友云己未題挽
今朝又哭送君柩
短折盛年猶可惜
况君賦性徹皮真
去年四月葬家兄
强疾来臨勤左右
近来懷抱頗多悪
幾度送人渡暮津

誘怒妻 戊辰七月初七日

秋熟知不遠
四野禾滿阡
意定無貪富
心怡易變遷
姑舍催米直
最急沽酒錢
請看巖上樹
烈風蔭洞天

讀故李忠武公閑山島夜吟詩有感而作兼痛時事之非六絶

拙 嚴叔朴祕昊

拙 朴祕昊 代著

儀

像公之偉績
碧霄羽毛高
誰知百歲後
氣稜彌天高
忽聞公不淑
却憶許身真
雖居明末季
無愧義黃人
公在人間知幾年
林泉依舊誰爲主
詩禮從今獨自傳

閑山青在彼
遙憶撫大刀
安得起莊魄
更試舊龍刀
業有帷帳墨圍
樂深棣院春
此來執紼泣
非獨爲其親
棣院春深兄弟樂
墨帷織久子孫賢
嗚乎儀範於何得
水碧山長倚暮烟

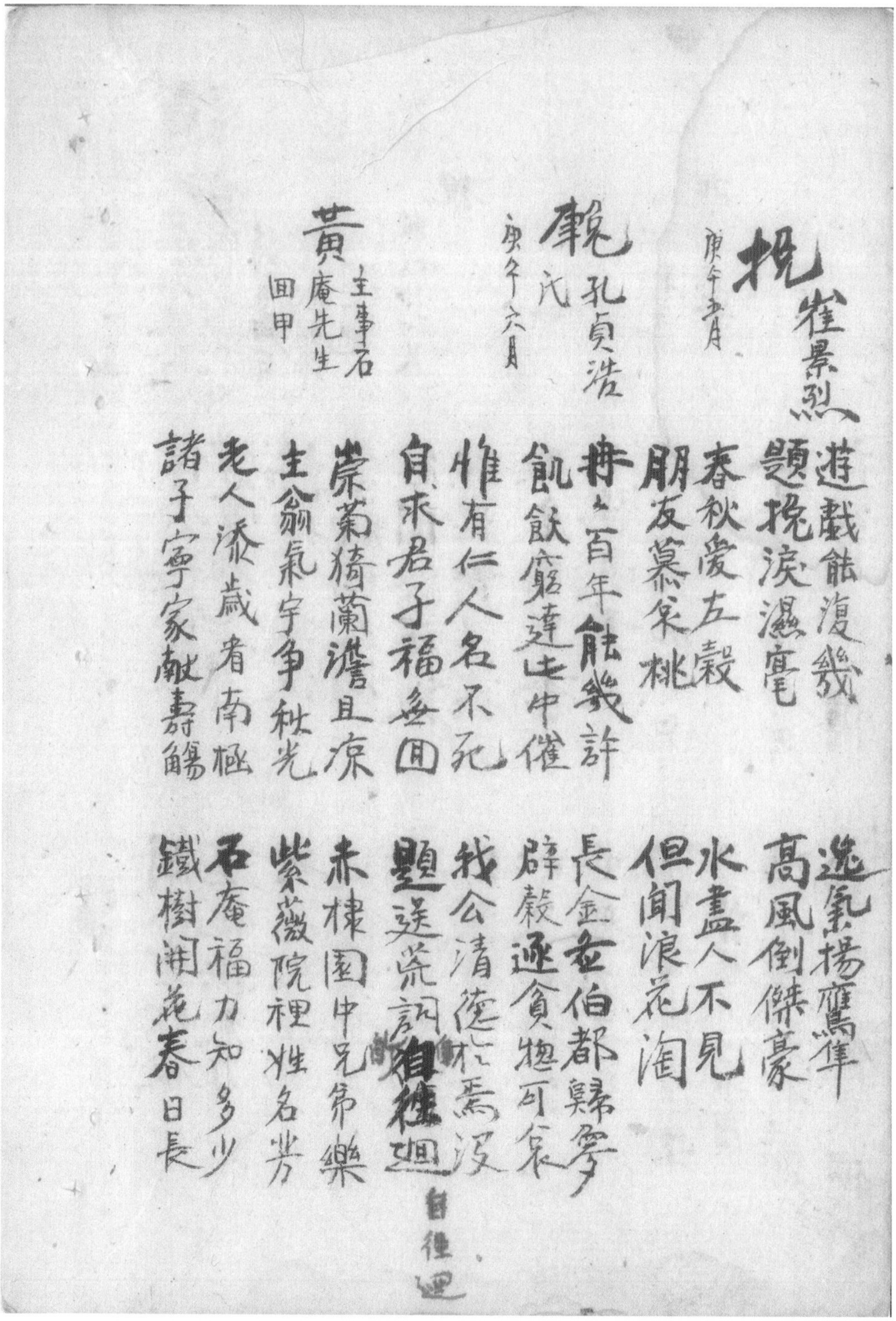

挽 崔景烈 庚午五月

遊戲能復幾
題挽淚濕毫
春秋愛左穀
朋友慕[illegible]桃
逸氣揚鷹隼
高風倒傑豪
水盡人不見
但聞浪花洶

挽 孔貞浩氏 庚午六月

卌〻百年能幾許
飢飫窮達此中催
惟有仁人名不死
自來君子福無圓
長金金伯都歸夢
辟穀遯貪[illegible]可哀
我公清德於焉沒
題送荒詞自往迴 自往迴

黃主事石庵先生回甲

崇菊猗蘭澹且凉
主翁氣宇爭秋光
老人添歲看南極
諸子寧家獻壽觴
赤棣園中兄弟樂
紫薇院裡姓名芳
石庵福力知多少
鐵樹開花春日長

又 代著

先生坐閱幾炎凉 算去三千猶甲短
紫院當時觀國光 除来六十更年芳
紅輝瑞日臨華屋 叢菊不妨當晩節
翠色南山倒壽觴 願公休負後期長

秋夜 懷朴晦夫

美人何處去 雲擁虛谷富
無復愛衰翁 鴈歸暮江空
顏色疑菊月 粉黛非情薄
跫音聽松風 自知已不忠

大雪 後三日送晦夫 詩寄其子琦擇

晦夫西去路三百 欲寄大郎書不得
歲暮天寒征馬孤 口傳只是問工夫

元朝

元朝雨雪正飛零 誰識仁天膏渥降
一洗前塵瑞氣馨 山南麥色更添青

題李譓榮心齋山庄

先生何許老 碧草滿庭前
村深栗里宅 山隱首陽巔
琴書左右壁 日月先後天
卷舒任自在 居人不紀年

挽金象坤氏

我公氣度古今稀 老大精神秋月輝
世間事業遺何處 風下吾生失所歸
異代樽深栗里菊 幾年春採首陽薇
天道從來惟福善 那知此日哲人非

端陽日與李心齋譓榮

端陽參得雅遊中 四望青山也不空
廣野東南登大麥 踈林上下足清風

元道常甫益
松鶴峯小集

挽金象坤氏 代作

挽族祖姑朴氏母孟浩

死去靈均同水碧
生来杜老賦櫻紅
知公厭世濁
豈料遠尋真
屋樑獨留月
榛院空自春
姑氏云閱光
四隣共悲傷
事親能盡力
教子亦多方
松竹同心烈
薰猶異臭香

病骨猶堪因酒保
始知覆載圓群叢
誰作詩中傑
更無席上珍
平生道不得
題挽淚沾巾
早寡終醮禮
久貧厭糟糠
臨難安命節
愈老績麻桑
家〻則閨範
婦〻趨否臧

謝河鍾洛晩悟以詩見寄

夫人德不乏　今古與誰說
我筆良無強　千秋慕敬善
狂歌散步傍溪行　豈謂故人詩寄送
盡日迎風氣未成　教除俗子意紛爭
對酒空思三五月　誰憐衰病時相問
執鞭欲逐萬千程　多謝惟兄不愛情

送金永泓歸安泉寺

送友去安泉　比屋無饑日
正當六月天　同窮亦多年
忘機愧白鷺　何時塵債了
度歲聽寒蟬　共老白雲邊

重出逸詩見卷二冊

被酒過野

八月十一日

被酒過前野　柳崖午陰短
詩思自不勝　稻田秋氣蒸

戴銘

祈雨祭文 龍華山

載彼維嶽南國之望邑於山下朝夕瞻仰官其失政天乃不字罰以久旱苗則枯矣歲將不熟民喪其天父母在上溝壑當前辜實在躬陝顧及民禱之何處所恃惟神蒿焚霈降郭治河潤曷由人力神明攸軫誠愧古人憂民一般歲饑民死神亦何安哀此窮氓匪靈誰憐出雲下霈貺以有年

郡守祈雨紀念貝盤銘

下民作慝上天慳雨惟公至誠格于后土癸甲甘霈伊誰之力寒者有衣飢者得食嗟我父子來此同歡其忘其忘銘之以盤

張輸佑妻金氏烈行褒代闡單字

誠惶恐仁鑑伏矣天賦性於人而盡命於君謂之忠竭力

於親謂之孝獻身於夫謂之烈而像德慕善人道之常德忠
獎烈朝家之典本里士人張翰佑之妻金氏金海后城山金守
翁之女也金氏結親僅七箇月未曾于歸時在親庭聞夫疾棘
星夜来歸殫誠侍病祝天代命斷指瀝血無所不至其於命
也何翰佑得疾第八日朝遂以殞命一家泉痛罔知所措獨金氏
依然遵禮不失制度以順天之道以慰舅姑而凡百作為未嘗
若喪夫之人也越五日早晨金氏潛入後園井邊自引刑頸氣
至垂絶却為家人所覺即奪刀扶入室百方醫治金氏乃自
誓曰生則同室死則同穴妾婦之道也實愧世間之生而只
願地下之從不進水漿者亦八日朝竟致命焉烈烈哉古今烈
婦未嘗不有豈有如金氏之從容殉節乎以若十八歲之幼
婦行此前後冠絕之事噫彼衆所激豈可含默敢畧具事

仰

實齋彝仲單轉報褱闈之地幸甚〻〻

答金牧村圵沃書 牧村遊覽日本及中華時

日自蔚歸惠書已宿塵案奉讀數回如對萬里顏範良感良感就中寄惠金何若是存念之過也兄義重如山之人於南兄則不可負信至於弟也亦欲以衆人報之耶容覆三載多少喫苦不可口爲而奚暇爲區〻之節於朋友之間也弟則無間於兄我而兄則似有介乎彼此也此非古人取友之義而殆近乎賈直令人駭歎方草答書適又三度寵翰一時來着自謂有甚緊急忙手披閱則乃是戀情寫懷而已執書良久憮然自失弟意吾兄東渡扶桑北躡禹域所歷登臨之處必名山大川所來揮毫之場必通邑雄都所與交遊之人必雄偉魁傑之士以吾兄豪雄俊爽之姿想善養浩然之氣其

胷襟宇量必有與曩日逈絶而言語文章不愧為今世子長矣今看此書則存諸心而發於辭者乃無過乎平日常常之談也此豈素望於吾兄者哉切願吾兄益加激勵以盡天下之壯觀而錦繡珠玉滿載以歸弟以野藪村醪候兄於海松亭上尚未晩也餘敬祝旅中體度康旺多少姑閣不備謝禮

答李鍾淳書

歲梢請懷實於出曠世罕事而各因忽遽猶未能討盡多少抱來而又自南北吾人之塵中事業尚然未了者使人可笑尚耿耿乎中矣何期先辱惠問感戢無量謹承審書后有日體候逓新增瑕寶單鴻休仰慰不任區區悃恍弟姑以慈候之粡遣為伏幸而身亦無警所愧者只添草木之齒而一無所成是所浩歎耳稍俟春和一次南為誠為夙願幸勿負懸望焉餘惟冀云云

與金牧村址沃書

過月暴雨之後麥之不熟者七而棉之存者又不能百之二三焉而其他嗟此可悲況此亢旱又如是若干生靈盡在漏船中誰爲其善手梢工者言之痛心伏惟尊體若何瞻慕不已今先生之重被崇職有幸有不幸焉凡此同胞見困於士農工商于時也以先生之抱富試其十一先之工業次商業次農次學地方隆盛指日可待矣民人之福無大乎此此其幸也顧念世俗往古来今陰陽互爲消長君子之與小人也陽抑而陰進之小人之與人也陽揚而陰謀之君子孤立而無倚小人並進而多黨君子善於持已而拙於蓋過小人媢於進身而巧於掩跡君子恃其公心直道而自謂無傷往往爲小人所蹈此古今之洞視世俗之常情言念及此未嘗不撫世興歎先生氣太剛而性太直持論太高而行跡太露此君子之所長小人之所短也然剛直

者難容高露者無援是以先生困於所長而忽於所短顧先生降屈素志下同流俗雖若浮沈是謂同人何啻乎鳥鳴虫吟自為春秋哉露崖角辨王后非不為美其奈世之不悅者譁而攻之何此謂有不幸焉人受其幸而歸其不幸於我其誰為之殊蒙先生眷愛故不避喜怒而敢獻愚衷幸須察焉

嘗竊聞君子射以觀德今先生皓首殘年執弓湊矢立於豪富冶郎之列而爭勝負於中否之間此君子之射耶豪傑之事耶正己耶觀德耶益壽耶求福耶無益徒為衆隙者之口宗弟之累爲先生言者此也此斷〻非正人端士之所為也自今痛革前非弓則用於彈絮箭則用於織布最好〻〻愚其送而察其意則幸甚

答河鍾洛書

時河君以河公遯齋集送余々撫其意而如是答之

丙寅五月九日

摘擿同字

惠書下問殊荷愛念況辱賜以遯齋公之集乎竊伏念是雖其
於出德門之不欲專寶於一家而將使萬途之車歸於同軌之
盛意然以若何等尊重下友於晚生卑賤之輩乎此意不可
忘也盥手奉讀固非淺陋之所能窺測恍然若坐了春風中
一箇月惜乎其傳之不全也雖然見道之要德行可為本源一言
可以貫徹何必多求自漢晉至宋元諸子百家各立門戶欲許
其不朽之傳而皓首窮年不休著作而多者至數十萬言小者
亦數千百言其背於德行而不幾乎道者皆泯滅無聞可勝
歎哉東坡先生曰匹夫而為百世師一言而為天下法公之聽雞
吟一首見得天理人慾之分而使冥途之擿埴者知其之歸泊
處也此乃公嘗得於心而修於身修於身而發於情發於情而
見於言者也風三百載之下讀誦此詩者各自激越而師其德

法其道也豈非匹夫而為百世師一言而為天下法乎故後世之傳但視其道德之修不修如何而不在乎文字之多不多也所恨獨後生學焉而未能行焉而不至小子無狀何敢多少其言哉只切景慕之深而不覺語涉忘觸誠罪死死幸須寬容焉伏惟僉尊體候聯衛康旺何等仰慰生尚保無警者乃僉執事存念之賜也更何煩浼餘統希照亮云云

竊聞是歲也諸先生又復南為云誠敢賀之不暇未知近日杖屨乎貴邊否小兄未能各幅修候負罪殊深幸須為我謝之

答李季彥書

奉晤隔歲瞻慕政勤際承崇椷既感且悚不知仰以攸謝謹承審春寒尚強尊候連衛萬康諸節鴻禧景慕區區不任下悰侍生省候循遣以是為私家之伏幸而生只有一女

楊

盲於文字貌又在寢家庭無識見聞亦踈所謂渠又自幼踈放
爲人所忌而兼又極貧未遂韓寤相隨居今取貌論財之世其
誰我與是以女齡過笄無人一顧適有一男子以人棄我取之
術幸以見采恐其失之不待言盡而重口早諾越日思之自足
一笑今萬〻料外明教珍重而又以尊門議之自度恍如出泥登
嶺然而信重然諾禮分先後尊之盛意感則感矣尊之明
命敢不敢矣自恨卑賤誠薄緣淺而已伏乞俯諒俯諒餘祇
祝體字康寧云〻

呈車參奉 善明 書

奉唔間阻懷仰政勤謹審辰下靖體候康寧遠慕區〻不任者
悰生姑保侍狀伏幸〻第悚現方虎疫大熾有生者最爲
岌〻乎殆哉之時也而先生素是壽世大家必有神妙之道

矣治疫準備不為不急故即欲躬晉受教矣適有一小宄使人能止自覺一笑敢替送家兒特念衆生欵曲明教而備急丸若干箇亦惠送如何餘在近謁不備候禮

與姜世濟書

向日惠書良感良感况賜之以警告喚起衆生使之避凶就吉而同躋於仁壽之域乎自不知仰答盛意也拜書已日尚未修謝者非心不勤防疫煩急昕夕無暇以此致愆萬乞恕罪恕罪承審侍餘體度萬重役貟一同益得康旺并仰溸不任者恍現今流疫蔓延遠近各處幽聞日至不勝焦悶焦悶鄙處幸以貴所之護保郡警之指導尚保晏然唇齒之急如迫目睫此其日夜恐懼者也貴邉近况果如何哉實切顒聞餘統希保重

技

答金榮琨書

俯囑書類依例具體已使兒曹輩急爲覓便傍寄去者累日也曾謂人覽矣今奉惠書始知函書反在家中猛責兒曹仍以奉呈自足一笑且不中孔方之事不待尊命而已憲着久矣况現在困急乎讀書至此令人愧死雖然譬言諸虎也兒乃在山之虎向風一吼足以威伏百獸第則出野之虎勇猛長長人皆得知因其勢而制之非無長牙曲爪人不畏焉而視之若牛羊然莫若尋得走路急上仁王山復振舊日號令屈指其時當在周七八月之間另加寬容乎否奉呵郎日春寒方強堂上壽韵衛享難老之福侍餘棣體迓新蓊旺子舍孫房色色鴻禧佩慰區區者㤼查年慈候粗遣渾致無警言是爲私家之幸而但身善呻吟不可以風者爲五七日自憐自憐歲梢迎

送亦草〻不成儀禮尚令耿悵稍遅日調除屆冠盖重講抱来
之懷若何多少在照亮中

與朴佑根書

惠示手書感悅感悅感悅感則為其修書辱荅也悅則為賢弟
心定氣健也今於賢弟之書細讀說辭深覩墨蹟間雅勁
健之氣差勝平日所患美慎不足治也賢弟其勿憂也弟
當亢旱民憂孔殷不能無瘦据人之憂故偶吟夏旱詩
一首忌拙汗呈特賜斤正又惠[illegible]示以開眼[illegible]翹首佇
俟矣所示之事誠如尊俞幸勿深慮祇祝道安氣泰
[illegible]
[illegible]

戲荅前郡守車善明書 晴有慢筆 美書故荅之

春日方陽伏惟
尊體候迓新康寧仰慕不任之至乃知尊座高明之士能
納晩生之愚言敢猥以僭越之辭左記敢達幸賜監焉
尊通牒無番號月日又無署名印章不敢準信設使有
尊牒曰李姓人變姓變姓者想失眞也失眞也者即狂也狂
也者病之大者病者醫家之所當治療者也
又曰變名意者狂故忌其名魯人琴子孔門狂士臨喪而歌
未聞變其名哀哉若人以藥而狂狂而又忌其名其狂不可反也
尊牒又曰金姓二人亦藥賊嗟呼此非梁山泊中何賊人之多也
讀書至此令人愧死究其牒意兩金之間必有一賊未知何者
爲良而何者爲賊彼良則此賊此良則彼賊古人云明其爲賊
賊乃可服不明輕易着手不幾乎近金郎之慚乎惡是何言果

何害
尊牒又曰藥賊聞者大驚衛人苟變良將之材食人二鷄
子故君怒而廢出況盜藥五貼之賊乎比之苟變其罪當斬
何敢斷行　此章當在金姓二人章上
尊牒又曰此惡習不可掩置惡是何言是何言天照臨神明知
人誰敢掩置雖然見過而繩之者法之常也見過而掩之者人之
情也昔西漢曹相國見人有細過專掩匿覆蓋之以曹公之
明豈不知過之爲罪掩人細過使人自悔大過使人自悔大過以必
至於無過之地也是則厚以養其化化以成其俗之理也故當時
百姓謳歌頌曹公之德後世史家賢相書曹公之名世多師之
何至乎必曰賊必曰賊乎旣曰賊矣此等取締管轄各別雖欲出
力不敢不敢故別紙尊牒謹以奉完伏望笑領惟冀道安

與白郡守南日書

時中再拜謹白足下之昨冬榮命在於僚友士民之間少得宿望其在足下固為晩也亦不滿其德猶不足以為加賀然今足下得伸於久屈之餘將風馳萬里從此可期以此為足下賀也鄙郡之事業發達盡出於足下焦心瀝血之餘而今忽中途斂手以去惜哉足下守河東未久治聲有聞聞者之喜甚於被治者之喜或曰白公習於吏事其善治必余曰非也此非知白公之言也但習於吏事而不酷者無幾矣白公起自民間悉知民之疾苦其為人也從善而勇斷外猛而內寬此其為賢太守也且治之以治岐之治治得其治先往不可何獨河東牛刀本非割鷄之器足下其安於少進而長作先太守耶役其力而食之者四役人之力而食之者三而待人之力而食之者亦二三焉然而欲民不竆得乎禮記王制曰三年耕必有一年之食

九年耕必有三年之食三十年耕必有十年之食以耕年計之民之蓄
知矣今之民今年耕食明年之食明年耕食又明年之食以食年
計之民之死久矣吁以古比今地無減少民不加多若然者何也不
知事有所古今之不同歟情有所上下之不通歟民不勤歟俗尚
侈歟抑又水旱之災數歟末技之者多歟曰否曷嘗由此但
在於施政之如何而已也孔子曰政之急者莫大乎使民富且壽
也此三代施政之本也是故政得其平天地和陰陽調風雨時百穀
登民樂太平是之謂太康誰其責也公相也雖抱關擊柝者
晨夜不敢怠盡其心之無愧也況公相乎今足下之爲相爲公朝夕期
待者豈嘗榮一南日者哉而民也惟足下奮發激勵礪精牛
刀而以答僚友士民之大望焉仰瀆尊聽不堪惶恐之至

讀李忠武公全書

國步中否海賊猖獗水陸入寇急於疾雷邊備失御宗廟堂無策乘輿播遷五廟不守生靈蕩殄八域爲墟公以孤營殘卒誓雪國恥奮不顧身赴水血戰而立栅閑山抗賊咽喉設鎭露梁保障三南敵如蛇中斷頭無用而尾自爛矣於始乎君臣團聚風雲整肅文武用命捷書飛騰宗社頼而再造民人得其重生正是國家奬忠錄勳之時將軍乘勝滅敵之秋奈何朝廷不諒日月之忠泰山之功而以一人之毁壞萬里之城設或有罪賜之立効可也細察其情亦可也更探敵機亦可也何至拏鞫功臣爲敵用計讀書此至不覺拍案憤歎閭門無鑰壯士喪元忠良痛哭軍民苟立敵謂國無人大驅長進金釜魚肉兩湖沸湯朝野震動甚於壬辰當此之時若再不起公國之爲國未可知也嗟乎爲君不易爲臣亦難曾子曰以一人僨國以一人興國其此之謂歟

與朴佑根書

向者聞劉斯文南鎭言則賢弟以美愼喫苦度了亦已累日深以爲憂又劉云似是憂憂愁思慮之所致是何言是何言夫心者身之主也身者心之宅也若使其主役於外物而漠然忘返宅雖欲定其得乎而況如有窮徐子之賊闖其虛而欲入者乎雖使良工理內勁卒備外其於無主誰能禦禁強敵之卒入乎此兵法所謂反客爲主而攻滅其國者也豈不惧哉雖然愚意則不足憂也宅今雖空非無主也但外々在而不還況其仁其勇如殷甲周禮者乎即使伊尹冕服造交御駕奉主而疾返宅遂以安而天下平如有窮徐子之徒不足定豈可以欲區區欲効於無且之兆哉今賢弟年尚富而氣亦豪才亦可爲也何不涵養此心體萬物應萬事使各得其正而其不動如泰山浩浩如洪流

捷應如神歸藏如密若此做去不患不到於君子不惧不憂之地不然反使驅馳於無益之空想而與之戰鬪於虛空無底無功之中雖一日百勝卒无所得而駸駸然神明耗於內卒徒瘦於外使外邪客氣得以乘吾之隙然而不僨懕者未之有也果若劉言賢弟患候恐不出此是豈君子慎疾之道孝子守身之本乎吾非為病惧也為賢弟惧也非為賢弟惧也為賢弟之老親惧也可畏可畏今為賢弟計莫若讀書以養氣涵養以存心正南面而朝百體則焉有強寇敢不退聽哉雖百扁鵲莫此為若賢弟其或恕納愚言否我亦曾病此者故敢以告吾弟亦以自警焉餘統希保重即戚從

示戒子侄

人之孝於其親者獨為其親而已矣昔嘗為天天感而應之

重出

昔嘗爲人悅而慕之孝哉孝哉其道敏也予曾聞先人之訓曰
事親者必以古人爲法斯言雖簡於理盡矣故敢述舊聞列
記于左汝曹謹書衣帶朝夕念誦久則化之亦書之座右奉
讀自戒

曾子出妻郭巨埋子子路負米陸績懷橘閔子騫著衣
蘆花王偉元廢詩蓼莪老萊子舞戲斑衫朱百年不
衣綿帛伯俞泣笞黃香扇枕王祥致雀孟宗求笋黔婁
嘗糞蔡順泣雷王叔治罷社庾子輿退水

致雀得鯉

又曰勿以父不孝於親而子效之勿以父不慈於子而子不孝
又曰人以官爵爲貴我微賤人也無以爲貴惟以篤農勤讀爲
貴人以廣土多金爲寶我貧寒人也無以爲寶惟以孝於
父母友于兄弟爲寶

與女壻金貞一書

謹以省禮言郎審夏旱多日侍餘起居履錦安念念不已朞服生姑保侍狀是亦奇事也時政少間方讀朱詩際承惠饋良感良感無物可答而所讀朱詩乃天下後世之所共爲法者也不敢獨專而只此草答幸熟覽焉餘艱草不具疏禮 寄來烟草此物時法之酷禁

朱夫子雲谷詩

野人載酒至農談日西夕 此意良以勤 感嘆情何極 歸去莫頻來林深山路黑

答書畵研友會長金址沃書

伏以省禮言棣體候若何景慕不任今書畵研究會之創立誠南州未曾有之盛擧也而傍索徵逐遍及於僻村野夫者此其萬途同軌之惠念也感感服感服然而生只是好龍而

未嘗龍肉者也何敢操刀於屠龍之場哉重違盛意竊欲忝末道路稍間暇亦不得故敢生追入之意不知於會規有諸否且辱問又及於家侄罪亦貴會教之之道無遠不周而無賤不逮雖有百口鳴謝曷了得此際會在渠一時奈身在衰麻何茹恨恨大仁僉座未能各幅修候幸爲我謝之餘姑閣不備疏禮丁卯五月二十三日

與鄭爀琦書 雨後觀魚請

久旱之雨始焉喜雨終焉苦雨農作無害乎否活水新漲躍鱗上湖霧罷竹嶼波宿蘆湖亦好倚杖觀魚可惜少伴又恨無酒兄其謀諸久蔵不時之需一斗味佩來信並來恐天機之或破

呈李鎭三書

旣月季春再屈杖屨親賜見招於情爲至厚也禮則過矣不

謂尊座自降年德爲此過恭之事況貴中僉尊不顧少長之序親執賓主之禮獻酬揖遜之際古人威儀自溢於衽席之間猗歟盛矣化鄉成俗之風於此焉始見非徒不佞之過蒙辱愛鄉里全般同被光榮此意不可忘也伏惟辰下尊體候一向清穆僉候動止連衛康寧併仰慕恭區區者悗生姑保無敬言是亦存念之賜也更何煩達餘仰冀道安

與金鍾祺書 借秧

鄙家播若干斗種租入地不出者十之七八謀借秧而服農乃亦有秋否今年之童秧不足非人力之不勤亦非地味之不甘實由毋穀之抱病而其罪在於昨秋暴風欲訟風於上帝浮雲蔽天無路可達所以借秧昔沛公借糧於良今時中借秧於兄雖然借秧不猶愈於借糧乎兄若有餘多少惠送待其香滿秋肥釀而

壺 正

酒熟奉進一壺味曰兄醉卧清風北窓下朗吟五月農夫八月仙之句不羨秦府庫

與金牧村址沃書

伏以省禮更詢秋雨頻々體候萬福仰慕區々者益々倍常第季夏之初爲財主所執一廠品皆富家笆籬之棄物也一無足惜者、老妻幼婦重之如九鼎和璧謂余爲一家之長人者妻來許曰可以寬乎婦來告曰可以買乎余否其寬而可其買請官人而問其直官人曰八円可買商人曰六円足錢余又請于官人曰雖[illegible]無見直其八円賣與我可乎官人聆余之迫宥以十五日而諭之曰愼勿失期余則應之遂拜而送之實是非心不勤奈多髯翁之不與窮人好、何官其人待不得、昨又出來猛然謂余曰子畧知法度之人誰謂善

甕

欺如此耶余無言可答而不覺面紅[illegible]因但仰屋深坐耳官其
人曰競而賣之當否余曰可々官其人考厥物品闕一甕焉余問家
人妻來前曰信知我物而貸人釀酒官其人勃然不悅曰犯了犯了又
感然良久曰特貸五日慎無如疇昔乎否余感其高義重口敬諾
而又拜謝送之朝來思之幸得一訃乃先生也每々明日午前十
一鍾與金八円替償于鄭璡圭之妻之父之子焉此則官人也
自顧一思不禁呵々餘不備疏禮
子焉此則官人也此限之信也
不信在於先生之力也不力何敢多囑自顧一思不禁呵々不備

上竹逸鄭先生灝鎔書

謹伏以省禮更伏詢新凉氣體候若序萬康仰慕區々不任下悰
謹白璞雖藏玉非明相玉工莫能知其爲寶士雖懷道非大人
先生莫能知其爲賢故士屈於不知己而伸於知己者良以此也

令陜川居姜君德澡於生為大父行而年六十耽樂山水客於南者
數年往往與道人釋子好遊也君之其為人也忠與學業也富澡身浴
德有異衆人而平生不求聞知只以著文自娛且性恬靜勤篤
於翰蒙也尤長昔翰林歐陽公求士甚於士之求公今先生雖以
布衣好士之風不下昔人故敢進君於門下伏惟扣其蘊而察
其行或者有可俾作村塾教授於君誠有登龍門之榮光
於先生亦有為之後焉者矣殊幸察焉左右明匋盥手伏俟餘
伏祝體宇道安不備謹候䟽上

文庙堂員僉狀

謹伏以省禮言僉尊體候聯衛清禔仰慕區區不任下忱謹
白曾聞可言而不言者不信其人者也可聽而不聽者不察
其人者也今 小子敢信之而陳言願僉尊容俯察而聽之際

蹊徑

此叔季之世正學掃地邪說滔天百派橫流萬途異執吁一髮陽脉殆乎欲斷於是乎人知尊孔子者無幾矣何幸僉尊憂儒教之變邪學憤民族之為異類渴血殫誠而創立儒契尊衛聖廟吾道由之焉有作弊祝以之而無闕何其盛也何其盛也竊伏聞契錢欠縮夥經巨額悪是何言是何言果如所聞必有人伺候出入搆成界境歸咎於當時直負掌議貽害于今日慕聖財源人之無憚胡至乎此此是吾夫子所謂是可忍也孰不可忍雖欲堂中寬宥在下貌從奈辱衛道慕聖何小子自廢棄以來不敢望廟門者十有五年矣何敢提議於左右哉不滅者方寸尚此與人不甚遠故言之不覺妄觸然廟堂之禮不可以不肅粢盛之備不可以不完善悪褒懲須從廟典子母生殖擬準契規則廟貌尊嚴契畜鞏固其於慕聖恐似得之然

紙

咢敢賈直而罪人罪人而慕聖哉此乃僉尊事也僉尊責也伏惟
恕覽而俯賜明僉盟手伏俟冒瀆尊威無任惶恐之至餘
祝僉候道安不備謹候疏上

醫說寄劉南鎮聖國

曩君在縲絏之中人皆為君惧余曰何也人曰劉南鎮君藥人而
殺之見在狴因而法欲償命余曰不然吾知君慎士其作事也必慎
夫命天也醫不能奪天而殺人也必且法天下之平也必不枉人而罪之也
亦明以人料事以命待天以法揆情君其無憂乎人曰不然君之
為人也慎則慎矣命亦不(有)無(在)奈法有古今之異何三代之時以德教
民以禮齊民然後以法導民故爵人於朝與衆共之刑人於市
與衆棄之其法如日中天人皆仰而知其明矣降至嬴秦弃
德廢禮以愚黔首法上加法而以法網人若設穽而陷獸然

民莫知所措坐直則適觸禁而死以巧則幸逃法而生是以秦人日以
爲詐豈嘗性然哉使之然者法也吁三代之民安法而居嬴秦之民譎
法而免法亦不足信也今法無三代之明人非嬴秦之巧君不知其人之將死而
藥投會死君必不免乎余曰上醫醫國下醫醫疾漢末天下大病江東
裂肢而殭中原割腹而痛一部蜀漢僅存息於咽喉之間而縱欲運
其四體漠然不我應矣諸葛武侯以貫日之忠補天之姿憂宗國
之將亡自任以醫治天下先以知平之術調理江東遂以百萬勁卒千員勇將
猛攻中原病根頑強急難救服故六出祁山竟卒軍中姜維痛恨武侯之
未遂其志乃繼武侯之志雖九伐中原病漸入咽喉國遂已亡姜維欲圖恢
復詐降鍾會而誘入成都詐亦密矣心亦苦矣然寒灰不可復燃
故身與國亡可勝歎哉武侯醫將亡之國而未能平復姜維醫已亡之
國而卒無救命法未嘗以是少武侯而罪姜維也其烈烈忠義照耀古

今史策法固如是也今君醫將死之人而人咎其命者天也已死之人尚欲醫之況將死之人乎誠若子言法其罪天乎

與劉南鎮書　予

時中謹以省禮言吾子前在建因將身往探問適痛瘧未果愧嘆愧嘆然余明知吾子之謹慎故自信其無事矣果得明以免誠夫子所謂雖在縲絏之中非其罪也者此也余悶時人之不師古漫筆作醫說忘拙戲呈幸須俯覽而毋惜斤正餘冀惟道安不備疏禮

與女壻金員一書

八月十三日夕陽凉風微動蟬聲引清余自不禁觸物感情故孫徃彷徨乎江村之上偶得數句漫筆而今邊民之晏然食土飲井于此者伊誰之力皆李忠武之賜也士民之謳歌著作者李公之德莫不詠歎況此羈生之愴懷想尤

坊故瞻望忠武之院則院在柳洋城西餘艎山下而不見所懷伊人但雲白山青故末聯及之然皆驢鳴虫咽忌拙送付幸君取其實無求其華可即日秋殷侍餘起居益勝念念不已多少止此不具疏禮即日石潭沕 江村詩今書冊中無之

祭崔正湧周尚文

維歲次戊辰三月庚寅朔初三日壬辰晋陽姜時中與其貴其謹祭于亡友全州崔公正湧之靈嗚乎正湧生以鍾精金良玉之為氣者沒而与草木鳥獸共腐敗耶仰千古之前人無一二其不然賢者富而不肖者貧歟仁者壽而仁不者夭歟蹠跖富而壽顏曾貧且夭天固難諶而理顧相反惟古昔之達觀同善惡而一死生瞻彼北邙之累累孰是而孰非往古來今無賢無愚若生造化之春圃

棄
洹山、
怪怪古字
寢々、

甘夢無極之䁖野嗚呼正溥死而有靈庶幾聽言子之
稟天氣剛性直不容於人亦不自遂文用古體世與我違
酒性跌狂爲人所忌持論太高不与人讓嗟世之人不與我
好獨抱文章不直一文弃置不用踽踽涼涼雖然莫狀灵怡
如洗締河雖百至瀕死介毫不苟愈窮愈堅磨涅不
変至其止於止之招不來揮不去身弱而氣強家貧而義
富今之所謂怪今古之所謂直士嗚呼正溥與我許心自子妙
令日月幾何二十多年共卓而食同衾而寢我詩子和子
酬我樂子樂我亦樂我憂子亦憂子過而我爭我怒
而子解如駑馬牛之相戲怒或謑而復紙義朋友而情兄弟
二人一心相期畢生那知去年十月丁寧一語永作終
訣嗚呼正溥我因負子深矣病而不知其困死而不知

其日葬而不知其卯哭又不及其時我固負子深矣嗚呼正湧翁上斯耶子代我役勞心所致歟飲酒過量喪氣中病歟賦性峭直窒塞不通歟抑貽負血瀉餌不繼歟何一病之酷遽至不淋早知其如此雖萬鎰其利我決不遠行子[illegible]實由我而來由我而死生來有張融之宅死不足黔婁之被堂上鶴髮惟子之親身後半衣伊誰之妻令此岐營子之并州生來死歸此何人斯天乎天乎曷其有極嗚乎正湧子之貞固清忽同萬物而泯滅不然化孤鴻而叫月於雲外耶爲名駒而嘶風於北冀也耶抑返魂於樑環之樹穴豈仙於尸解之葛坡樽酒庭上常滿舊時之朋芳草江南獨作未歸之人月滿虛樑忽疑顏色風動庭松

傾聽跫音滿箱無書皆子手澤 空山魂魄從誰
談論已枯槁兮得東風而更抽新心于飛鷟兮
知春日而來訪舊主奈之乎寒霜淒雨裏草
荒原日想牧之上下兮夜燐螢之飛走從九原之
難作兮或彷彿其不得自古賢人名士亦皆然耶
我之深痛而長吁者豈文酒之無人而交遊之無
聊哉白頭此生永絶知音子其知耶其不知耶言
有盡而意無窮是其不昧子嗚乎梧斯尙享

答族祖永鎬書

伏惟我兩先之事謹悉於數回宗通而躬不能
參席又不能完金者非徒諸族之誠淺力弱
實由不肖之無擧措所失以此遷移至歷屢冒

辱崇亟至於宗中於其所甘得罪祖先良庸是懼
況祀土已置而改石過半乎雖然竊觀殘族之軀命
待得食麥方可定治事隨息急幸殊小寬若
何膺撲我皇考文景公之立朝清節樹國巍勲
照耀於國乘野史者昭昭如昨日事矣而桑梓
胎址尚無一片可語之石又無數間寓慕之所寔依
後孫窮蹟鬱悶之餘而今此植石東山不獨爲子孫之
景慕亦所鄉國之宜瞻何幸貴中僉宗丈之
倡此大事寔百年未遑盛事擧於其墓先
像德之義何敢贊祝哉然文祖之神道碑文申
相公曾已撰狀而竪立於墳菴之下矣今若以舊
文焉磨刻之而安於東山則或者無乃遺上

庚午

於後代乎若以新文刻之亦難其人而以文本之以人情求之以神道因植石之後恐不無尸祝之禮至於將來奉行未知尊意之如何故敢昧死以聞幸須察焉伏惟春秋李會尊氣體候以時萬康仰慕者悒餘在俟後狀閣不備僅謝答狀

上惟崇照戊辰二月日昔服謹孫某再拜

祭舍伯文

維歲次戊辰四月己未朔初七日乙丑惟我伯兄故處士晉陽姜公小祥之日也前一日甲子二令時中謹以隻雞單觴再拜痛哭于昊遼之下曰嗚呼我家世自文祖以後末簪纓碩儒代不乏絶為國顯族至參判公以後累世貧賤為編氓者殆二百年于兹

矣近代益漸衰家貧獨子則使之耕春夏而讀
秋冬家貧多子則使壯健者服于畎畝擇其質弱
不可農者一人以讀書來者已成家規矣我昆弟
四人時中最質弱又踈於作農業父兄謂其難可
役之以力年十五始入學兄常誡之曰勉之勉之吾
家興替在汝一躬兄每諸弟躬親家事負樵
而牧晝耕宵索無所不爲而幸不隨家業事
父母孝與兄弟友睦於宗族稱於鄉黨人曰
仁善人也時中氣短才踈遊學者二十有八年不
通一藝人又不成未報兄期待之萬一回憶些年
繼學之恩世世生生爲兄爲弟愛有餘而報未盡
況以五十白頭反加憂於其兄者乎庶幾望之者只

有餘年矣何一病之酷遽至此極嗚呼嘗聞福
善禍淫善可信乎又聞仁者必壽仁可必乎吾兄
之仁心善行較之一生雖善毁者無求疵之處令福
不禰德壽不享年善不足信而仁不可必也嗚呼兄
乎歿而有灵尚鑑人事時中志大量小眛於作
爲三弟輸躬疾兒稚謀生艱難四弟吉雖健且
勤爲人不寬兒政心則仁厚近乎長者量狹性直不
能善轉次宜勤儉孜孜適於治産未得完人徑平雖
則孝順雲心水性乃肖厥父弟兄叔姪尸家無人
父祖遺業危如一髮兄乎兄乎洋洋者不眛黙佑於
冥冥之中保我子孫其永昌嗚呼兄乎隨見想像因聞
感情理所固然况至情之所痛乎見者老杖𢞓則思

聞見爺隨行思出戶則聞侮則思入門聞號則思見老
圓秋熟則思粢盛先祀則思逢佳節則思聞新釀
酒香則思急難則思疾病則思藥思無不至獨不見
術佛於是乎始覺九原難作而萬世永閟嗚乎痛哉
日月如駟四歲已周矣今夕何夕明日祥日情無少殺
制則服々闋服麻幾時此生休矣來訴衷情素帳
寂寞欲侑以文淚昏筆遲靈其有知伏惟格斯尚享

答族祖永鎬書

下書謹悉伏惟靜養體候爲享遐福在傍僉宗侍聯衛
康旺仰慕並切祭田已聞命矣攷石果至何境切仰願聞
賤子誠薄未能分憂焉敢逭罪刻文會以面白不必重
論然以若吾宗莫重之事艱大之役若一有見不到處

則竊恐有欠於先德而見笑於後生可不慎歟必廣詢於老成家之博采於僉宗之議務從道理上做去是幸想高明已熟討矣宗排依毀準備矣會值難逃之急析其三分之一秪此汗呈世間多事令人自笑更寬若干日如何統希崇照不備謹狀戊辰五月十日

答奇主事相憲書

伏承崇緘感愧之深曷有其既伏惟春暮靜養氣體候連衛康寧不任仰慕之至生老兄之允玉生亦深知其爲人之端雅學識之稍進每愛之而所獎惜者也嘗不待人言而竊欲其前進也難其方讀令先生再辱手澤眷眷不已者非欲其利也私其人也實欲售其樟楠之材於匠石之門也先生之意感矣生豈不知者棟宇已設繩墨雖以更張往日面白於先

生者良以此也如之何如之何我知曹生年尚少氣亦豪眞曹家千里駒也奮勵鞭辟爲將來騰踏之張本則安知今日之伏櫪爲異日超逸之足耶庸是企祝悤罷悤罷餘統希道安不備候禮

愛吾井銘

朴氏悔夫穴地爲井命名愛吾屬余爲銘且謂余曰 （朴氏名準尚悔夫其字也井在道山面役所内）

愛吾井方 深六尋強 地中出水 旱無減少 冬溫夏凊
位得中正 廣三尺徑 水蓋上出 潦不滿溢 飮食之吉
異化池之十九 澄淸透徹 明可挹天 庶幾對越上帝
非孤山之六一 萬類來像 照能鑑形 曷敢逭我本相
戒莫顯乎隱嵓 往往來之井井 百還都而易代 一兵
觀吾井者小衆 各充量而無悔 惟吾井其不改 飮濯

清泉 安吾井方 石潭子飲而甘之
俶卜 不顧黃河之萬斛 書之以銘

與某友書 戊辰六月十七日

朋友會合不容易淂轉眄東西擧皆陳跡而息交曠者殆若干年際玆懷想倍於平昔伏惟體候茂膺清福積日入郡鄕之諸彦有以尹孝子紀實文字多端論駁而歎鮮其碣者問其作者則曰安氏子所作且安氏老於文墨有名當世者也矣之蔑學何敢是非其言哉夫文者不過爲記事貫言之器也旣聞諸彦之指摘其有欠處幾句則其關鎖與帰宿未可知也抑揚排布誠法古理達之文也恐非率爾評焉而譁攻若是此非徒吾鄕之所恥亦攸斯文之不幸也甚不謂也矣於文也雖無繩墨酷嗜古今文字而於德行舒論尤不敢可不觀故敢謹囑紀實

本稿幸須見惠若何姑閣不備候禮

上族祖永鎬書 巳元月日

伏惟春寒尚峭體候以享難老之福貴中僉宗侍均護康旺否並遠慕區區不任之至伏悚楸下之會既負其期三度辱書又不修答罪亦深矣負罪者更有何說之辭凡在他人必不免目之以無義漢子然其於心靈暗合事在不言中祖主其或以此恕乎否乎此漢半生做紊都歸烏有先生今以後知楊子之逐貧故是安貧韓公之送窮返自固窮古今人事乃復爾矣早知其若此深入窮山爲採藥處士足矣而既又失之歎何如之非祖主何敢以此仰累耶仰聞向於宗會定以名排實出熟討良善良善惟建碑一款有大難底事矣到此安得不一陳迷見恭聽明命哉盼烋不復今春所飢推之遠近其勢惟均其如是

收 惟

則名排收入必有零星矣若不究慮始畧終之策而一切以直前勇進
為果則竊恐有欠於族誼而或累於先事也凡事當優游婉曲而徐
徐收切則氣不乏而事可究矣第待麥登稻熟次第收合而恭成
財力然後於秋末冬初從容行事允合穩當愚見若是未知尊
意如何矣或不悖於理更議於左右姑停其事不然即密覽而付
丙伏望三月之初擬欲晉謁鄙中殘排伊時持來矣阮帖令才仰呈
能無稍遲之責耶此物他人所有早晚幸還完若何訥村丈近候
若何未能各幅修候敢望轉達惟冀體宇康寧云云

書海岡蘭竹譜後

巳人日漫筆

宋東坡先生云吾弟子由曰人之所貴乎畫者為其似也似猶貴也
況其真乎此言甚有理也子由若無得能然乎故士君子於畫非不
好也玩其意則可留其意不可在於觀者之如何爾

讀老釋遺經

老子釋氏眞天地間偉人其築室闢戶何其左也老尚玄玄似然也釋崇無無似達也妙與無似無無間焉其趣甚遠況吾道之於彼哉老者曰去仁義棄禮樂天下安老子過關時所著道德經五千言餘必不如是恐有後來異家付會者之誤也噫彼釋氏彼亦人子何陽示慈悲而陰尚無種釋者曰棄父絕子不爲夫婦放鷄豚食菜如萬物遂可怪也夫且可懼也夫今天下萬國異端蜂起各立門戶而自崇其教者不可勝數然未有如釋氏無種之教也我以春華秋實爲常彼以冬葛夏裘爲宜人事一反常乃其違天彼不吾信更看又來明年秌華而春實者未之有也

與李鎬翼書　己巳十二月日

向於崔兄也往謝過時之晷兼訪吾子則時不在矣問于街上人有曰早朝入郡者同崔兄入郡叩吾子之館人則亦曰未也以區區慕望之心未得奉唔私心甚不喜矣其崔兄酌酒若干巡而臨歧分手所懷畧答達之矣吾子其得聞否夫事有不可不陳之勢情有不可不力之義也故義之所在事亦必就此理之常也僕之少子草木之齡今二十有二而尚未有伉儷在於自家此亦一事耳 僕於吾子雖曰晩交心靈暗合自知無間然則 僕之子無異吾子子也幸擇賢而娶之實是再造之恵也惟吾子力其力而得其得速圖之是望也其崔兄相聞甚好甚好未知近間或有南爲之行耶餘祇祝體上以時保重並留不備候禮

答族祖來鎬書 己巳臘月

前書未嘿報又復辱書自訟于中雖深於感矣伏承審歲暮燕居

致存

氣體候連衛淸福僴慕區區無任遠忱伏惟我文祖建碑事延遷稽而至于今月者寔由愚見之左也庸寔之罪百口何辭到此益覺 祖主先見之明也逆知其如此一聽明命之熟計而直前斷行則曾於今春事已畢完矣而誰知歲且有饑事顧反常浩歎浩歎期於明春不可不安石乃已而逢近宗族中雖有執一之論此斷不可容貸也下送文稿已為盥讀而以若小子愚淺又何足為輕重而文字可否之間辱及於此也況當今秉筆之家無出於盧翁之右者也耶惟願亟命刻之恐可嚼嚼政使渠亦不近筆硯久矣雖可以任其寫字之役重遣嚴囑之至第使肆筆而於東正望後必使上送伏計耳吾宗譜役之論已跨數歲然此略遲幾歲於為先恐無稍後之德在孫亦無漏記之歎今不顧年歲之饑饉宗族之貪乏之一切以凡事生風為務則能不為直前之失耶惟祖主另加垂察

覽

又 庚午元朝

除夜餞淑元旦清明今年農形可占有秋老圃生涯料得將富誠囍不自勝伏惟氣體候餞迎簇暇仰慕ミ而新年之感倍蓰乎昔今朝祭席伏讀寄來所任綵緘爲賜甚厚而嚴眹奉答想未入覽實不識不爲其殷洪喬所悮耶歎歎寫書一款前書已盡之矣而且愚所習字蒼骨末固抑筋無腠把筆若干年未有得也此東坡所謂刷字而已耳大段有何所取而獨於此子多也嚴囑至此欲逃不敢故姑使試腕而今二十月朝使上送伏計而殘排從此辨納矣俯燭若何

金炫國施惠碑文記

夫德莫大乎化俗惠莫切乎活命苟有其人雖千載之遠衆人頌於口而觀其風史氏書于簡而褒其美惟恐其不聞於

世而傳於後世況親見其事而身受其澤者乎今本郡
金氏炫國南鮮富家而其父子孫三世居常事業於愛
親慕賢博愛好施止矣惟其愛親也誠故善繼父祖志
事慕賢也深故能修忠烈祠宇架石鼇橋而功過漆洧
之乘輿駕舟而乃梁而不讓迷海之慈航鼇井渴水家々無用
竭之歎開廩賑貧人々免阽危之憂屢而以辦 遠貫東市
學資已任抔手登校也方遠近困園繞境而小農者其數無慮
獨收賭小蒙利者多乎至本年之旱以為無前之災特免其賭而
間或收之無過乎十之二三焉其免於溝壑而父子同歡者知
其多少也盛矣此足以愧貪夫而勸良善警策於今而為
鑑於後矣玆豈非以德化俗而施恩活命者耶 家懼
其盛德嘉惠久而泯滅也亟命晉陽姜政而記之畢

底

辭不獲於是乎摭其所見聞而記之又繼之以詩而書諸石

上族祖永鎬書 庚元十九日

歲方更始下懷益切伏惟氣體候萬安仰慕區〻不任

下悰窃惟寫碣事準備了得否大郎啟令使上送試寫

若干字其結構字樣庶或近焉第以書之如其甚遠不

得不求諸他之高強之手也萬乞照鑒毋使累〻先若何、

且鐫刻不是小事不可以放任他石工輩也嚴〻加注意務

令爲深刻且正刻焉不肖亦當躬晉赴役分憂萬一而

不幸爲墜跌乎淺諸塵囱出脚不得奈何〻今二十七日所謂

大郎捛延月之日也幸須速命還家伏望多少在於此去口

達中不備謹白

上東山齋譜廳僉宗 三月二十日

前書未報再辱聯札怠慢之罪已無容喙不棄之度曷有其量於是
乎百世源源之誼合然油然伏惟春晩僉體候動止神衛康寧仰慕仰慕
今番譜族之舉實出於萬萬意外而未知高見之攸在故未嘗不尚懷
顧望而遲稽也昨於河東宗貢之來畧聞顚末則事已至於不獲已之
境矣卽於歲初遠者文字之近者拈集之一場收議則或曰夫譜中三十年
一修上不害乎述先下無損於爲後也今譜未幾年而歲且再饑曾
不考稱年代裁節族力而一劫以覓辜先登自逐則其直前之勇人所
難及其於敦宗叙倫得無有欠耶大士君子處已與人本無二二致況一家
同親之事乎遠近雖有同親聲耳者此不過貌從而曰星斗者也某等
不敢執戴以物恐於義理上說不得去今此之論固其左手時中於此理處
難斷祗以優游婉曲彌縫做去於爲之間所謂名單竟致落後不敢
之誅不敢自進況望其有恕乎名排參然就食然後完計伏乞 待

特軫寬焉干瀆尊嚴罪死、伏惟僉下照不備謹上候書 宗下生時中

與李鎬翼書 庚午三月日

足下之勸於朋友擬之古道可以得矣然聞許兄以衣服凡節欲強過力之事云此非與足下素定之志也況士君子處己與人本無二致足下何不實告於許兄乎不勝駭然非徒過費不許也竊恐不禮於我也此意直陳于許兄務從義理上節約做去是好、

請查狀 三月二十七日

書往來非止再而三尚未有一面之雅者殊因事勢之固然於情理亦有所不去然者也每仰高風思也在彼中央之歎而已矣未知昨日之雨耶今日之晴耶伏惟萱堂壽韻益享無疆之休侍餘棣體候連衛清謐寶覃均得佳勝並溱仰區區之不是尋常重契重候精遣諸累無彭以是為私家之幸而

所謂春服制不成章而齊晩矣僮人看新冠則過時浴沂咏歸尚有待日以此其怨之歎不待尊怨而先自怨已良覺一笑待得餞春未盈日幸從其金昆玉友阮咸會位並駕馬惠賁以光寒門日即千年多少留在拜叙中一場不備統希照亮

送朴晦夫西遊序 庚午六月 日

今有能知夫晦夫者乎此古所謂忠信耿介之士也家貧少讀書不成科性至孝事親無違志從吾遊者十有五年口未嘗讀書手未嘗執管其默默識暗通日有進焉而於人日用行事蓋已知得嗜酒未有見其醉者窮困獨明於義而暗於利唇舌含默默雖喜怨當前傍人切齒忿罵凝然不動抵掌絕倒亦淡然而已有若愚人然然窺其中討其事皮裡自有一部春秋予賤且薄加以諱言過直文字稍稍露徃徃以此取疾於人亦以此自憎於晦夫乎覩其動靜語默竊取

戒焉而作一齋鑑今晦夫懷其所有將西遊達城達城今大邱府也京奎
晋慶之四衝東南人材之府庫忠信耿介之士古今所萃而求忠信耿介
之士者亦必之乎此曰晦夫子其行矣必有所遇焉且必有所得焉非獨
子之遇且得焉彼亦有求鑑於晦夫者矣雖然子之鑑何在焉於其
行也擧酒以告而問其歸期

答河鍾洛書

維時潦夏體候若何書以問存感荷不淺況惠賜詩句 厚新
字々磨玉而句々聯珠奉讀數回不覺紙毛而頰香
也就中有不敢當之辭豈足下遂因口韻之好而用之
耶卽欲持納高其義愛其詞而不果矣尊之盛意不
敢孤也綴拙語涵崇聽幸須外華而取實更賜
斤正多少小姑閣不備謝禮

送屋松聲風到後
移欄梅影月生初

庚辰五月朔

[illegible]

권2

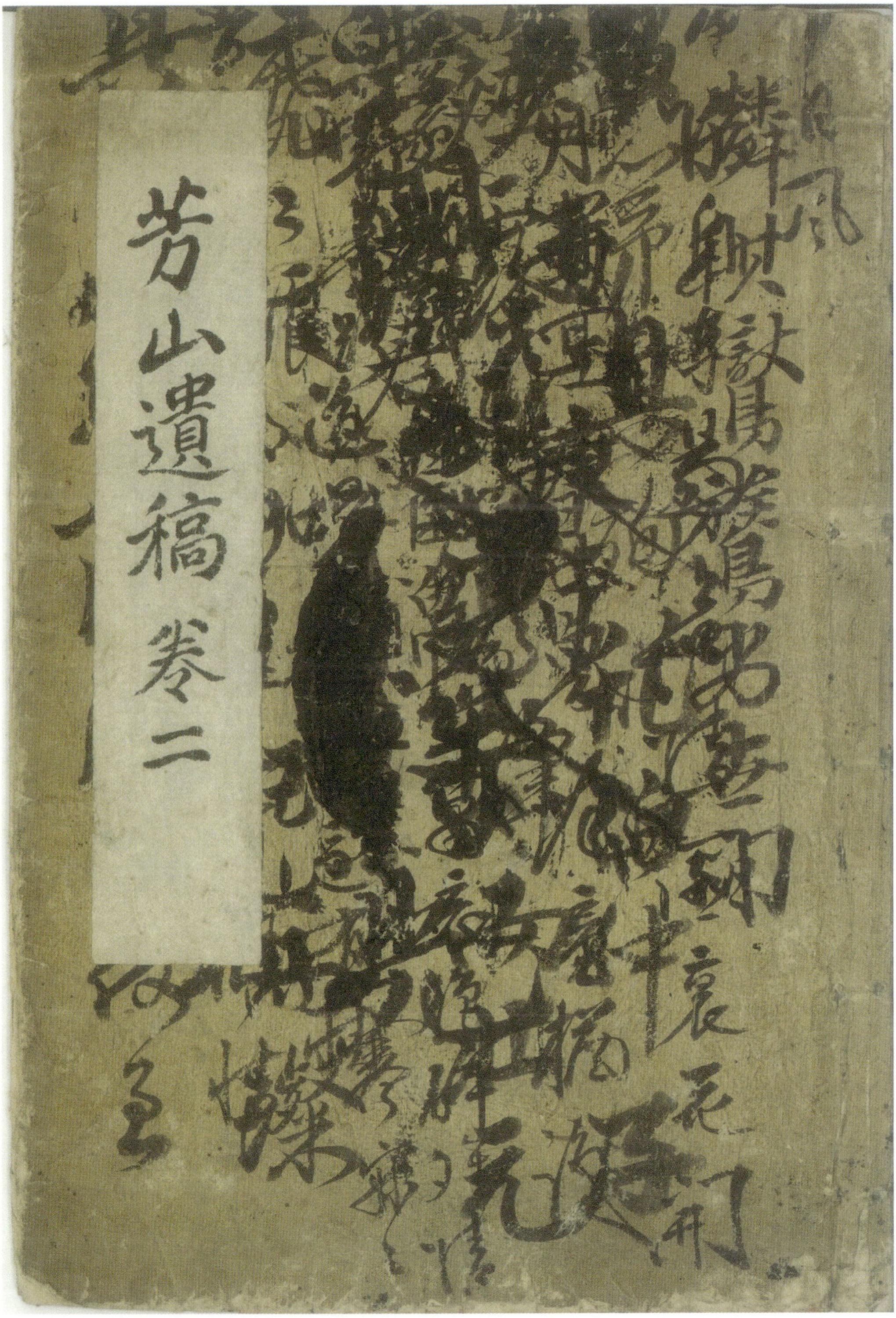
芳山遺稿 卷二

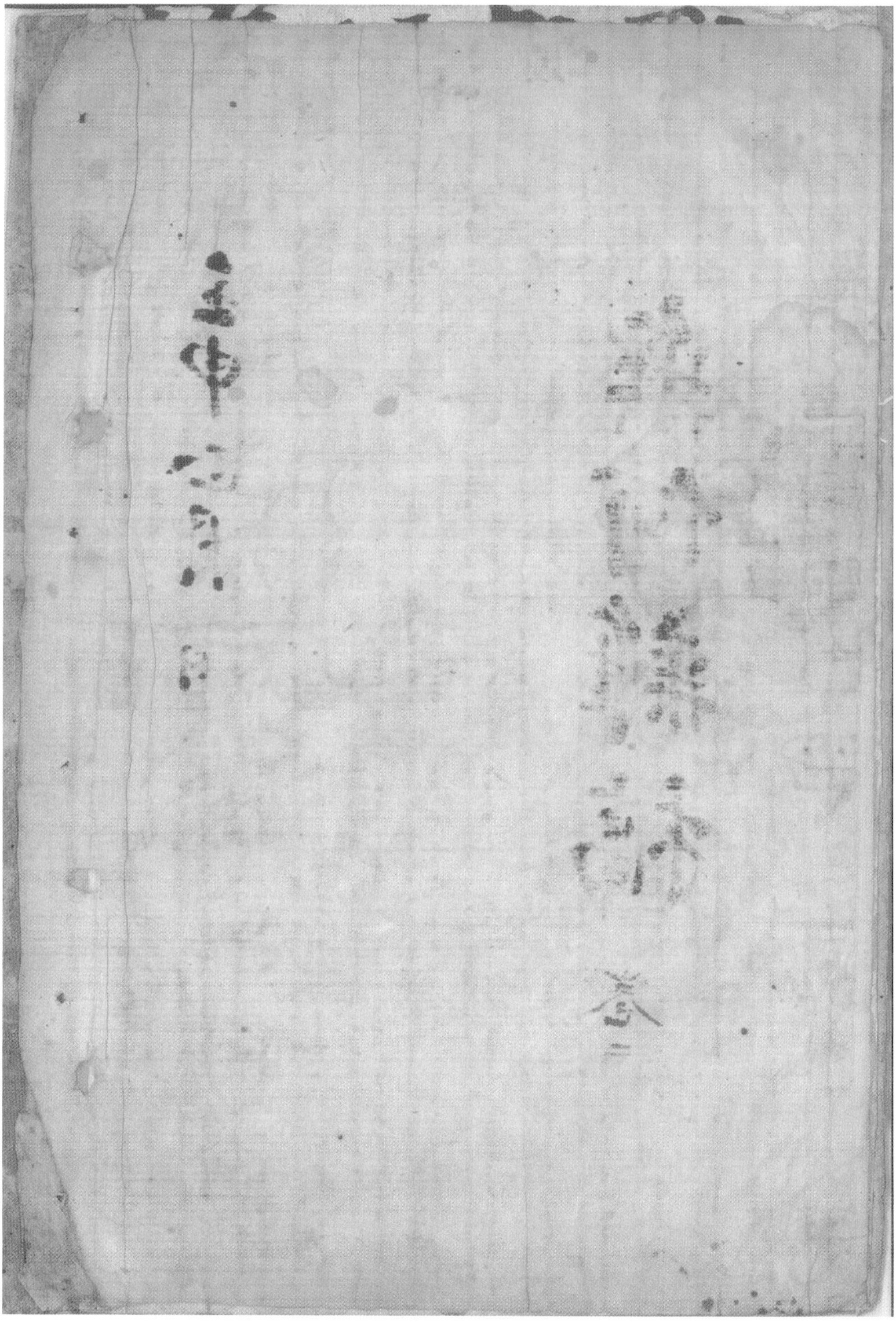
壬申六月日

芳山草稿 卷二

與金玩汕書

春雨頻頻四郊添色可占來麥之有秋伏惟起居珎重慰仰深切從子一肉塊今此命送者雖以尊囑之重違而然也顧此子天質不美且性如馬牛然所謂渠父盲於文字素無教之之方年已十六於人但具軆而已耳於尊意或可一再造幸須養畜之馴禽之廢復作人實是重生之澤也於役力之餘晨暮之間使讀句倳(習)字果是糞墻朽木不可圬彫卽命還家毋作足下之憂是望望餘在後不宣

答曺斌承書

孤燈風總冷夢政苦忽承德音怳如十斛明珠從海月中
出來也奉讀再三滿幅辭意無非憂我愛我之切而能令
人感倒始知時中之故人乃有吾足下之在也謹承審冬
日可愛伏惟旅中體候連衛洪福深慰〻而來我之
教如是鄭重固辭不敢望之前後必晉拜爲圖矣
嘗飽聞岐城其登望之壯風致之暢人物之美不下
於古之新豐此固所願遊者也然而足下能辦得十千斗美
酒否洗盞待之是所顒望耳胡草及此良覺一笑餘在
拜叙中不備謝禮
宗契炯立文

癸酉正月十五日始 午前

竊惟吾姜祖元帥氏晉陽而羅麗以來奕世簪組入我 聖
朝名公碩儒史不絶書爲國顯族壬癸以後運極而否惟我
文祖曾孫一派乃自晉陽移居固城固之有姜自此始焉自
後世絶簪纓遂爲不振可勝歎哉乃至近代宗族貧弱莫
此爲酷或以圖生而移居或以瀕死而散亡殆盡尚家於先墓
之下而不絶如縷者是謂汰砂之瓦礫顚木之㽕蘖奔走
衣食不遑奉先嗚乎西望曲龍頭流斧堂纍北瞻紅流
月坪松楸蒼列祖群神陟降此地顧省掃之費墓享之
田素無儲置排族例斂夏焉而徵麥秋焉而索租以此爲常
而歲薦之粢臨時取具羞不稱品禮不中式子孫之習因

循滋惡祖宗之靈爾不顧鄉黨雖曰奉祀未免存羊言念及此
不覺血淚之滂滂歲壬申冬十月辛巳(墓享之明日)宗會時中(之朝也)
以宗契物設事陳言于會中言未已族少長咸奮然曰
烏可已諸烏可已諸古人曰人無遠慮必有近憂記曰有
其禮有其時無其財君子不行也嗚乎此在吾族(子孫)曷敢不力族
雖窮呈乏户可至(不下)八十族不至(可至)三百無遠近豐弱冠乎錢五兩
童乎五錢(斗之)各力出資物設宗契長以殖子殖以益毋期以十
年可計千百是乃有其禮有其時有其財也惡乎不行於是
乎先役于此俎豆于此烝苑矣于此宗族于此同祖繼體之
感不容自已霜露怵惕之心油然而生曾子曰慎終追遠

民德歸厚程子曰收宗族厚風俗意是之謂歟嗚乎契契吾宗之契也直自是日定其座目薦其任員準契目而徵出資監其出錢之勤不某也誠某也怠必勸其善而聲其罪毋敢或怨於是時中稽首拜手而襄于衆曰僉族是論先祖之所詔后孫之洪(永祿)福且又祝曰惟願僉族毋忘今日之言遂謹述族議以為宗契刱立文

宗契座目

第一立綱

一、出資設契、養成財源

二、祖孫百代追美養繼孝

三、承先裕後敦族叙倫

第二列目

一、謹錫之以契之嘉名曰阮山姜氏宗契

二、定其入契出資一遠近豊弱而冠五兩童減半

三、契負以始居固城皇祖諱殷希後孫無漏入參

四、契錢本族借貸絶[姜]而不許一以存族誼一以保宗物

五、契錢限至十年不得使用令其殖大以圖遠大之計

六、契遂定契長及理事使掌理其契目之舉行契錢之出納別置任員若干人以左右其事

七、契會每年墓享之明日例定而監其掌理之勤怠考

其出納之適不

八入契出資有不遵契目而怠慢者自契中聲其罪而徵

其資

九契長及理事任員之任期定以三年然若有不率者直

當改替討其罪懲其後

右實第一綱之目

十墓庭松楸朝夕禁止樵牧俾子榦孫枝得成老大

可謂有子孫之墓矣

十一墳墓必時月省察可也脫有以天災地變及山崩水齧之

處直當修補勿拘術家說

十二列祖墓享有自先世已行歲一之例也吾屬當奉而行之无敢或怠善承先美子孫永昌有忝祖先子孫滅絕曾子曰身也者父母之遺體也然則乃父之身亦吾祖之遺體也以此追之其有既乎以祖視孫以孫瞻祖雖百代之遠本乎一身千身之分出乎一氣也今撫其墓木行乎墟墓之間而其有不忍其先者乎記曰霜露既降君子履之必有怵惕之心非其寒之謂也宋夫子曰祖先雖遠祭祀不可不誠

十三凡我同契之族墓享之粢米省楸之費其他宗事依前出排率供其當期至十年母利生契錢也或補

焉古者天子親耕南郊以享天地百神宗廟社稷之神
諸侯亦親耕東郊以供國內山川百神宗廟社稷之
祭況吾賤民敢不役其力而盡其心以奉其先乎

凡爲子孫者欲享其先先致其誠欲致其誠宗族和夫婦親
而致物用立人紀也物用不致人紀不立人紀不立夫婦
不親宗族不和致誠不至神曷由饗食人豈受福是故記
曰凡治人之道莫重於祭應氏曰祭也者追其不及之養而繼
其未盡之孝也今將欲致物用立人紀夫婦親宗族和致
其誠而追其養者其不在斯契歟其不在斯契歟

右明第二綱之要

十五凡我同祖之族視異居情若同爨處服盡愛如同功之喪嗚乎自吾察訪先祖諱舜至于吾曹止八九代矣以其子孫得氣繼體之理追之如一朝也昔江州陳氏南唐人也十世同居宗族七百口每食設廣席長幼以次坐而共食之有畜犬百餘共一牢食一犬不至諸犬為之不食今吾族較諸陳氏猶為至近何獨不能寧或不行於之則陳氏也僉族勉之

十六蓋族人之不睦往往為以富侮貧以貴忽賤以行凌長此世俗之通患古今之所戒凡處族人無貴賤无貧富無遠近惟族是愛齒同則右行德同則尚齒敬長而愛幼衆尚德而恤貧容有親踈之殺遠近之間乎僉族戒之

十七吾宗此契寔自孝子慈孫之至誠惻怛中出來爾祖以是傳孫父以是傳子子永永勿墜廢或其免矣

右勸第三綱之序

凡例

一座目之下畧述前人之嘉言善行以備諸宗省覺之資覽者詳之

一座目中或有踈漏而添補者欠審而改正者以俟後日契會決議可改者改之可補者補之

一座目外備置別冊契錢出納經用消費使一一記帳而繼續處理

一契負錄雖父子孫同居者冠子必各單行特書童子於父祖
之下雙行細書以別冠童而明其繼別至於入契出資其錢額
幾何某日納某人受揭記各名下以便叅攷
一此契負錄非世俗之同志交遊詩賦唱酬者之契之比也實無
遜於吾族之一部宗案其所係尊且重焉莫敢筆削
永世保存

宣畧李公起廷行狀

公諱起廷字時中李氏氏韓山也高麗平章事文靖公牧隱先生
諱穡之後入 本朝中樞院事諱孟畛寔公之十一世祖也五傳至忠
翊衛諱碩自晉州移居固城固之有李自此始高祖諱時鼇展力

副尉僉司業曾祖諱昌根宣畧將軍祖諱德儉武科僉正考諱
慶瀹妣慶州金氏潤輝女也以純廟十一年辛未十二月二十八日
生公性至孝髫齡就塾不隨同隊遊戲不煩父母教督自
知勤課見者期以遠大之器及讀小學乃曰前人所謂為人之書者深
知小學之言也自是沉潛乎此踐履乎此明於奉祀之禮事親之道
為子之職而先立家範法肅辭嚴乃諭之曰奉祭祀盡誠事父母竭
力處兄弟以義使奴僕以恩躬自率先凡事雖至微悉皆稟白
父母必俟命然後行之不有其身而推以至誠家人亦感化和氣滿室
雖儉身節用至於事親左右無有不備先意承順志體之養
具至父母曰吾孝子宗族鄉黨咸曰某孝子某孝子里中或有未

率者曰得無不可於孝子之意乎相戒之而恐其聞也　憲廟三年
丁酉第武科以宣畧將軍莅舊鎮萬户聞親疾劇即日解印歸
前後遭兩艱哀毁過制葬既朝夕必省掃朔望必奠墓雖祁
寒酷暑未嘗或闕行五十年如一日此自性然非勉強為也　高
宗二十三年丙戌五月二十六日卒享年七十六葬于鳳田先兆下負辛
之原配淑夫人金海金氏宗權女也卒祔公墓生二男長周源次
漢源周源男長鶴在次鄭在鶴在男長鎔禧次鎔三鄭在男
長鎔燿次鎔台次鎔右餘不盡錄公才器穎悟禀性純孝讀書
専務為己之學事親先立敬身之道為善舍己從人教子以孝
傳家雖忌祭如新袒括以行終身之喪朝夕朔望省楸奠墓

死而後已惟公躬行實踐之行足以有補於民風而垂戒於來後也公之
祀孫鶴在能世其家者也懼其先美之久而或湮恃求撰於秉筆
君子屬時中敍公履歷以爲立言之徵案謹書次如右云爾

孝婦南平文氏民狀

誠惶恐淸鑑伏以奬忠表孝朝家之美典尙德慕賢生民之良心是故凡
有一善一行者猶恐其不聞於今而傳於後亦必汲汲於褒闡者固以其秉
彝之同一其天也況其人卓異之行足以有補於民風而喚起孝慈者乎本
里士人廉學圭之妻南平文氏忠宣公諱益漸之後致會女也自幼極
聰明性至孝不煩敎誡事親之道自中禮貌見者皆曰眞天相孝也
其他織紝組紃之工曾若老成年十六歸于廉氏以所事父母事舅姑

以致有加焉相夫以順而教子以義凡在夫黨者無不愛敬隣里咸稱其
賢及姑嬰疾疾漸劇禱天願代多方合藥無所不至竟遭姑憂哀
毁過制家酷貧雖衣裳百結糟糠難繼養舅左右人不知其家之貧也
舅年老患貞疾藥餌無靈不能運動矢手文氏以器奉而出之滌而進
之溲乎亦然以此為常而不委他人柔聲愉色先意承順舅亦安
於其婦不許子孫之役文氏凡百作為自有儀式室房衣具日清潔
矣溲等器時洗滌雖盛夏器未嘗臭衣未嘗垢文氏其獨執來今十
七年如一朝也舅或之金而意欲生魚文氏湯鰍以進採貝以供殫誠竭力
以致其樂舅神色氣度未曾若久病者矣於戲猗歟夫人奉親之道志
體之養具至矣其清德懿行可以裨世教而勸人善也民等玆敢衷所激

不容含嘿故玆敢冒昧齊籲伏願另加審察轉報褒彰之地千萬幸甚

[illegible] 嘉善大夫李公周源行畧

公諱周源字聖順李氏韓山世也高麗平章事文靖公牧隱先生諱穡之後八 本朝中樞院事諱孟畛寔公之十二世祖也五傳至忠翊衛碩自晋陽移居固城高祖諱昌根宣畧將軍曾祖諱德儉武科僉正祖諱慶瀛考諱起廷中武科以宣畧將軍歷舊鎭萬户竭力事親志體具養敎子弟法肅辭嚴奉先祀盡誠妣淑夫人金海金宗權女也公 憲廟二年丙申十二月二十八日生于上東里第 高宗十八年辛巳中武科三十一年甲午進資嘉善大夫公自幼孝友純至(友純至云)為動作一遵父母之訓晨昏定省有若成人及至成童已知古人事親

之道而代勞服力謹身節用於志體之養靡不庸極宣畧公性極嚴竣立家範教子弟雖絲髮之有失未嘗或假借必加笞之公每當受笞深傷其不順於父母更自起敬起孝多方務悅親心年五十而尚受笞悲泣親力之衰弱丁兩艱袝袝之儀易戚之節克遵禮制與其弟漢源友愛尤篤聯床同卓寢食共之果味必待而食之尺布必分而製衣之無飢乎無寒乎心焉憂之造次不忘弟或有不善處以好言諭之必怡怡然式相好矣弟不幸嬰奇疾百方合藥無有見效纔息已絕公蒼黃狼狽血指灌口得延二百四十日人以謂友義所感同氣相應　高宗三十九年壬寅十二月二十五日卒享年六十七葬于同郡道南面馬淡山枕良之原配貞夫人密城朴氏

重瓘女也卒祔公墓生三男長鶴在次鄼在孫男鎔禧鎔三鶴在出鎔爟鎔台鎔右鄼在出曾玄不錄公之天性孝友慈詳事父母罔不庸竭其力處兄弟行人所未能行五十泣笞無愧於伯俞孟指魅弟有過於庾衮而後乎朱子不得入小學之編際乎褒李未得蒙　表閭之典惜哉公之子鶴在瞿然謂余曰記曰先祖無美而稱之是誣也有善而不知不明知而不傳不仁也吾先子潛光隱德久而不傳不肖之罪也今將於立言之家求其狀德之文吾子其述吾先子修己實踐之蹟以爲一部徵案時中辭不敢畧綴其所嘗見聞者謹敍次如右云爾

[illegible]與族侄敬集書

吁不相拜握已一閱矣花樹春光自此〔相〕今可勝歎哉謹審玆辰靖

居動止一向寧衛庇內均吉區區願聞昨冬宗契設立之論寔出於

吾宗前後未遑之盛擧而愚以爲吾門承先裕後之道始實得

計矣惟吾賢侄足下居常事業不過乎殫誠於奉先而盡力於開

後自少至老未嘗少弛想尊意之所原計者應不貳於鄙見矣

程子曰管攝人心收宗族厚風俗禮曰致物用以立民紀吾宗契之

設誠不可謂不根乎心而法乎此也凡我殷祖祭訪公之後孫者孰不

同聲償赴以完此事哉至於設契出資昨於文淳之來恳篤面

囑追後書告者不止再三而何期南鴈無信跫音尚寂意者吾

賢侄足下非心不勤豈由於族議之不一而雪寒之酷峭也歟雖然今

遠近宗族率蹈先武以畢慮始願賢侄足下幸須速圖之是望是望耳餘姑留不宣狀禮

答族祖必秀氏書

時中謹白昨十二月十日俯寄辱書敬手讀數回懦情之志從貫然而立惻怛之心油然而生苟非吾祖主所素躬孝悌而履忠信烏能若是其入人之深而感人之切耶此非徒藥我陶我之諭固是承先裕後之道也其曰去年之不道愚書宗族見之者或有怫然怒之或有欲抗皇云祖主言之是也不肖之本意固待得楸下之會敢進一書故欲僉宗共覽而激怒起端者也祖主言之誠是也雖然如其交過則已不憚改過則何怒之有又曰主事幾負涉於乾沒無有

推覓之道云於私心不敢自安當時必有掌財之任而金錢出納
自有定規某也出亦自出亦自有記帳其過出誤納都是掌財
之責且掌財必有力者為之矣今曰無推覓之道云者何也某不知祖主
或未之察耶以排當之事言之不肖曾某自之又不檢帳無稽之言何
敢出諸口而筆之書乎其排利之事自有詳悉者此亦非統固之
人也伏想祖主攝靜閒養曾未之聞歟嗟呼同祖繼體之親無
賢愚貴賤貧富遠近惟族是愛不肖何獨於此甚迫哉顧衆
族之依瞻星斗者豈非吾宗中老碩長德乎古人曰上有好禮
者下有甚焉又曰其父殺人報仇其子必刼不肖何不為下甚者
也而反為刼子也言念及此不覺心寒又曰已盡孝順化其兄弟蹊

人之田而奪牛之諭甚善甚善但其下一二下語之意敢是不其教人
自效之義而已歟不肖雖未嘗孝順而奪牛然設有孝順者焉
有能化之者乎有還其奪牛者焉有能償禾者乎若然時中
之外孝順還牛者意必不少其曰無推覓之道云者何也甚可訝
也又曰徒以空言數人之罪云者誠是誠是此真祖主盡言無隱處
焉實中愚見矣其於畢竟曰不出冊代云者是何言是何言哉
恐祖主未詳其意歟前書中只曰事若此而乃已名排足以譜之云爾
不曰不出冊代也不肖若本有不出冊代之意幸其排利而假託不
出何敢自以胡言亂辭攻人之非而數人之罪耶其意止不過乎還
收排利然後各討所担也已時中雖百至瀆死非逃担而利已者

也一生所患者語言愚憨直文字稍露往往以此取疾於人矣雖然祖主之督徵未納良是追遠開來之盛意不肖之欲還排利亦由報本保族之微見其義容有間乎此程夫子所謂管攝人心收宗族厚風俗之意不此之諒而若彼構此過此吹彼毛較短量長而牽引做去則將不知作怎生光景而止矣是其可不憂者乎竊伏聞士之處世屈於不知己而申於知己不肖猥以蔑賤幸與高明為同族又幸為并世而生幸為不棄而宗族之文字之竊恐其不可謂不親愛亦不可謂不知己也如此安得不一陳迷見仰塵崇聽耶今日之事以愚見之莫若先清排利若專務乎此則繫於彼者不解而自釋矣若不然又莫若還任於當時有司使之清算則安得不自辨而督徵乎愚見若是或

有聖擇狂言否語々妄觸不勝惶恐伏惟辰下尊體動止茂納清福今十七日宗會義當忝末而賤軀善吟自冬及春常作枕底人事而不可以風故未遂如誠歎何如之望須以此意申達于僉宗如何宗會後幸賜德音否姑閣不備謝禮

與金度沅書

伏惟春暮靜居體度連衛下詠重明窓玩賾之樂想做得有人不及知之佳境矣健羨次健近聞足下築伴鳩精舍日與鳩為群夜讀古之之書不知人間何世足下之暮年清福過於陶朱遠矣時中欲作燕雀之賀而汨沒塵臼出脚不得令人愧歎又聞惺翁曾作鳩堂欄頌必好文字也幸惠一通本文以開塵眼如何此亦與人為善之一端

也勿泛且時也繹(欲)攜鳩堂韻而醉輒忘之醒又無力今三五個月不能良覺一笑雖然久念存中恐不妨乎思友底一箇滋味也幸勿見促餘恭
俟德音不宣候禮

孝行畧選示子侄

人之孝於其親者獨爲其親而已矣舜嘗爲天天感而應之舜嘗爲人人悅而慕之孝哉孝哉其道敏也予曾聞先人之訓曰事親者必以古人爲法斯言雖簡於理盡矣故敢述舊聞列記于左汝曹謹書衣帶朝夕念誦久則化之予好亦書之座右奉讀自戒

孝行畧選

周公述事 ○

周公名旦 孔子曰武王周公其達孝矣乎夫孝者善繼人之志善述人之事者也

曾子養志 ○ 曾子名參孟子曰事親若曾子者可也又曰若曾子則可謂養志也

閔子感母 ○ 閔子名損繼母不慈以蘆花衣之父欲退之閔子位(泣)諫曰母在一子寒母去三子寒母感悟遂為慈母

郭巨埋子 ○ 巨至貧產男恐妨養親於野欲埋子得金一釜於地中有丹書曰黃金一釜錫汝郭巨云

子路負米 ○ 姓仲名由家貧至孝百里負米以養其親

陸績懷橘 ○ 績年六歲時於袁術座上懷橘三枚婦(歸)遺其母

王祥得鯉 ○ 事繼母至孝母嘗欲生魚時冬寒氷凍祥解衣將剖氷求之氷忽解雙鯉躍出

孟宗求笋 ○ 宗親疾病思食笋菜時天寒四求不得往泣于竹田笋忽生雪中 母嗜笋 笋菜 後當母祭

老萊子著斑斕衣 ○ 老萊子行年七十恐其親憂老之故着五色斑斕衣為小兒戲弄雛於親側

王偉元廢蓼莪篇 ○ 偉元名裒性至孝讀詩至哀哀父母生我劬勞未嘗不三復而悲慟故門人受業者并為之廢蓼莪篇

伯俞泣笞 ○ 姓韓受笞而泣悲其母力之不能使痛故耳

社日 春分前後近戊日 秋分前後近戊日

黃香扇枕 ○香性至孝冬則以身温被夏則扇枕

庾子輿退水 ○瞿塘天下之惡水也子輿自蜀返葬其親至瞿塘時秋水泛漲庾向水悲號水為減退庾安穩登岸水漲如故

王叔治廢社 ○王母社日死每當社日則哀哭悲動隣里中為罷社

黔婁嘗糞 ○姓庾父病嘗糞驗其差劇

蔡順泣雷 ○順母生時畏雷故每當雷雨則繞墓而泣曰順在此云

樂正子憂足 ○名子春下堂傷足足已瘳矣數月不出猶有憂色者為其忘孝之道也

宗元卿痛心 ○宗早孤為祖母所養祖母病宗雖在遠輒心痛大病即大痛小病即小痛以此為常鄉里號曰宗曾子

又曰勿以父不孝於親而子效之勿以父不慈於子而子不孝　又曰人以官爵為貴我微賤人也無以為貴惟以篤農勤讀為貴人以廣土多金為寶我貧寒人也無以為寶惟以孝於父母友于兄弟為寶

與池翼江書

向書能不為浮沉否時維仲秋佳節十五良夜露菊菌々碧玉香稻色々黃金光風吹柳霽月滿樓天公假我以美景朋友無人優遊慣哉向月獨坐誰與為友對菊自酌(敍與)我醉觸物感情不覺發狂偶吟懷友詩短篇是一碗炊沙之飯忘拙汗呈聊供一笑幸賜斤正而毋惜辱和多少惟希照亮更祝體度若序多祉不宣

(懷友詩在別錄)

甲戌四月二十日飲酒登山

答鄭碧我書

近以心疾不窺戶外而無痛四支了々無人 況但以殘篇欲消遣世念

限

而夏日苦長此亦不是善策甭一切拋却適庭前叢菊移來憔悴方鋤而灌之一稚孫走來致書怔忡手披之乃 足下曾面教而弟亦已奉諾之事也而麤鹿之性茫然忘却致使 足下縣念若是此漢之今日為人不言可知矣執書良久撫躬悼歎別稿文字重遝 盛教忘拙搆呈誠非盡情達理之文也若莫更求他高明之好耳且得無限晩之歎耶為之貢慮萬萬惟 足下恕此狂翁之狂也則幸也惟丞希靜養起居以時珍重不備謹謝狀上

與女婿金貞一書

向日付楮倘見照否日望橋頭跫足音尚寂是甚訝也不識或

辜

有甚事故否抑有兒直憂而然耶且是亦一念慮處也翁之所爲急者乃鳳騰入學之事也期在緊迫故爲走數字幸殊一顧以慰區區之望焉餘希侍履佳迪不能具式

答金永會書

惠書多謝示中律詩效唐甚喜甚喜但語欠含蓄意失忠厚於古人何可窺其涯涘此是吾輩不拔的普通病根何足更較彼此否後面陳旦是佳佳春山佳會雖百幸[辜]負實多綠陰雅集亦一盛擧　惟尊盡力周旋再築詞壇而盛招以善唱[詩]者諸益定日惠示弟雖敗鼓何可直過雷門哉當務鼓之聲雷震而北切呵呵時維肇夏侍餘體候循序增祉

貴中僉兄次第安享遠外區々慰愿仰弟近以親候之便遣々爲幸而回憶往事無非羊腸經路竊欲抛却塵累更作一方外閒漢而不速俗往々來侵擾壞了乃翁事不覺一笑餘恭俟德音不備謝狀上

與金淳哲書

日有人方帶孝而委訪窮廬寒暄坐畢叩其來意則乃足下之慫慂所辱送為診吾家侄政鎬之足疵來者宜春田君也於是乎感 足下之高義謝田君之忠信而延談之間觀貌接辭則田君是溫雅底人也時侄政因事出他故未遂宿約恨甚々々況匙箸不接禮數太冷旋又分手曷勝悵

然想足下與田頻接矣能為弟謝之否伏惟比辰 侍餘體
候神相旦安重溸仰殊切旦教之之樂近復如何古人曰斆
學半又曰溫古故而知新繼往開來自是儒者之已任而留
中鑽研之工亦未嘗無益焉健羨次々雖然柳子厚曰韓
愈獨奮不顧流俗抗顏而為師世果群怪聚罵愈以
是得狂名居長安炊不暇熟挈々而東今之世與韓公之狂
時又不同足下之學恐不多於韓公乃敢以師自居能得免韓
公之狂名而炊亦得暇熟 足下其賢於韓公遠矣奉呵々
弟親候恒在不健寐息憂明雀而微軀亦入夏來諸症蝟
集長作枕底生活而了々無好況甚矣世間苦業何煎

人乃角耶俗諱病人門廡寥寂夏日如年支離難堪每從
殘篇相對古人此中亦有閒適唐人詩曰家貧無易事
身病是閒時今日吾輩事情寫得巧切　足下之窮
且病與我加人一等故漫筆及之良足一笑稍俟身可意
欲一候　貴庄此亦未可必也聞月村目疾再肆貢慮殊深
間得快復否未能各幅幸須均照多少姑留不備候禮

與朴晦夫書

聞　令季言足下昨暮春逐旆云而舟車萬里長日形役不暇
有損否貢慮不淺雖然　足下之今行想所得必不少矣
漫海長風可以濶胸衿麗水明山亦可以清越心想見其所

不見而聞其所不聞壯吾觀而養吾氣庶不愧爲今世子長矣深
羨々々當以盃酒徃賞錦囊珍談一滌我惡腸累塵而欲遊神
於江聲山色之間而賤軀入夏來衆之病侵凌僅保殘骸而苦
於呻吟故有欠於拜迎爲勝耿悵謹審 體候徃還連相珍
重慰祝々留在後謝中不備書禮

與李心齋書

隔壁無間遠於千里間日不見甚於三秋近因小冗傾阻頗自
不禁亦海北暮春雲之思伏惟高涼 侍餘起居連相晏重老圃
秋適近復如何蛬沉夜靜讀何書玩甚理遙想健羨生
附劑依 教謹呈而懷友詩五古敢塵 高覽幸 賜斤

正而毋惜問圖探瓊琚之報耶問圖探候具鷄黍以待還呵
々々姑閤不宣
與許主事聯書
前月中蓬萊訪仙之行果如素期而喫得飽安期東麻姑酒
耶弟徒切欎李髯角觝目鴞之想而已時下新秋涼蟬忽引清風
令人倍覺精神伏惟
靜養體候入秋來茂膺多福深
切願聞 查弟 惟以慈候之粗安爲伏幸而第二媳婦今日早朝辰
時生得一箇丈夫子而媳亦善食無恙私分喜悅自不知窮
貧之切已也此子於兄爲獅孫而在我是熊男寒門將待此子
而欲大豫竊欣慶其可量也哉兄須速圖惠然加馬來弟當

引滿擧白爲賀賀嗣爲兄弟之好多小留在面叙中一場不宣候
禮

答金玩山書

辱書釋感々嘗伏聞郡誌改刊輿論騰峻其勢將不容
不擧如弟之輩何足有無於多士之列而與議於先德褒撰
之事哉區々之心終不能自已者以其好德之同一其天也切
欲趨走鄕席之末恭聽其忠言正論而與衆星斗者此
時中之素志也而自入夏來家憂蝟集身亦多疾
未副盛教罪悚々爲之謝僉尊則幸也雖然竊伏想天
下之事處己與人本無二致使其爲校蒐者但當以誠意

正心務從義理上做去於回瀾東之何有凡誌之不實寔自道理不明中出來爾此不獨混累先輩意欲瞞誑後人也顏子曰薰蕕不同器而藏況人之賢否之別乎此誌若傳足可使後之視今者信於文字而眩其名實矣此大可懼也惟尊邃與鄉之諸君子速圖之是幸弟亦稍俟病可一瞻盛儀伏計耳謹承審 貴體神相日安重慰仰深切多少留後不備謹謝狀上

答高永奎書

頓阻方悵忽承 惠狀喜倒無量謹審書後寒峭體候連享多祉仰慰且賀弟狀依昔而自謂耕鑿之

業可能背暖腹飽矣天降多灾年作不況老農之計到
此亦左橋上多情老酒婆自此不與我好方不是小事好呵
示中鄙族鎬日氏之事聞甚驚焉訝矣不知有甚好美者
那寔裒做出如許荒唐事來也鄭君炳正從來恐不是
端雅底人也別紙胎呈　覽可詳矣多小姑閣不宣謝狀

與鄭琩石我書

昨暮得晤林兄炳璣則曰　足下忽患急病方在苦劇聞
甚驚愕果若林言歟症大不尋常哉　足下有甚激氣
否不然老人衰質何嘗有起風者乎貢慮萬千伏問
夜來　尊體慎節又復若何林云必待得五七日可復

平常想未臻天和否弟 卽欲躬晉探 候僨纏纏身
出頭不得而只得呼奈何而已矣幸毋 金玉以副區區之情
是仰仰餘在續候不備禮

與女壻金■貞一書

久矣失面晤秋已而冬之半■君之力田乃得有秋否此處作況未
免收自悶自悶去年冬賴君之力幸構得野草幕數間以爲
終老之計而初無藩籬之圍障又無門逕之通設訪我自外
來者或立田畔而呼之或坐溪石而手焉且入吾草幕者苦無
門限故欲左左欲右右出入甚便東萬仞高山西一帶碧海
冬北雪夏南風無非吾草幕之所助而胷衿■灑落眼界

濶達坐數春秋之紅綠卧看星宿之縱橫此乃實獲我心
者甬兒曹輩不識乃翁放曠之樂比白以爲慕無離障
門逕則於家道不兆其離門之計已具矣而事之一日欲行翁
則惑焉於君意亦然否若皆曰可則吾從衆今日則即離
之之日也幸或無甚緊故庶其一來決其可否而解翁之惑
焉際玆寒峭　侍餘棣史近得安吉諸穉無警否馳
念不已我秖以侍候粗遣爲幸但賤軀多疾了無善況
而聊以數卷殘書長作枕底居過活良苦良苦留在面
叙中姑閣不具

與鄭珀石我書

向書　覽照否仰慮之悗尚此未已而竊想　愼節間果快
復耶方切願聞居相不遠聲聞之濶便同涯角是實難
堪其悶然者矣伏願深加　調攝千萬　保重是祝是祝
弟亦以腫氣并寒感長不離被窩裡自悶奈何此眞同病
相憐者也玆走穉曹替探　尊節畧此不備禮

與許正斗書

頃者一日二夜之奉晤非　足下之愛我也乃雨之賜也三昨踰破
凍冰曉頭返旆得無感寒否仰慮昔有李道甫先生者請其
查鄭翁來時則冬寒月留歡數日忽於曉頭翁納屨欲
去先生固止之翁曰若至日中道必泥濘最好凍時行遂拂

袖而去也他日先生往其杳家時政六月留歡數日忽於曉頭先
生納履欲去翁固止之先生曰若至日中道必泥濘最好凍
時行遂拂袖而去云爾今 足下忽曉頭凍時行意必有其
見得處歟雖然只好凍時去不好凍時來耶良足一笑天雨
雪比峭伏惟
靜養體候對時呈安重寶覃鴻休否區區願聞者恍弟慾
候急景恒欠調度煎熬難狀其他何足奉聞耶轎峯湛順
契原韵重違盛囑不敢不忘拙構呈語意失當格趣不造徐
之懿蹟道不得了何可得列於多士探珠之場也哉 覽見後付
丙辛也留在續候不備禮

與女婿金貞一書 乙亥十二月十日朝

歲晏荒村無人來問所與相對者惟孤燈老松而日與卷中人消遣亦一佳趣即惟臘沍侍餘棣履近得如何念念益切 摺夫侍候幸安更何煩提今朝果是賤降之辰也當此衰暮之年不能無劬勞之感而一室蕭然無以慰悅親心自切仲子傷哉之歎而已忽此惠饋諸種定出勤意是使寒廚回暖而慈顏一開珍珍感感耳禮重往來無物奉答紙以青菜數根伴送自是野人本色一笑之幸也多少艱草止此不具

勤學畧選示子姪

學必嚴師讀必勤志師不嚴道不尊志不勤業不精嚴勤是
為學之本也余嘗聞吾先子之言曰孔子天縱之聖生知之姿
嘗問禮於老子訪樂於師襄讀易韋編三絶況衆人乎
孔子曰人一能之己百之人十能之己千之陶侃太尉常語人曰大
禹聖人乃惜寸陰至於衆人當惜分陰朱熹文公送子讀書
訓曰勤謹二字循之而上有無限好事古來賢聖之勸進
後學者是不越乎謹嚴勤勉底工夫也況人之禀氣有不
能無不齊資產亦不能無有異而人之志於學者不喫得
無限勞苦痛下猛省工夫能有至者不甚是以古人有賣
樵作傭者有閉閤下帷者(有懸髮刺股者)汝將欲要學成當以古人

勤苦之心爲心嗚呼顧余不肖尚不能其萬一深懼辱門之歸而益切風樹之感到今垂暮之年念昔命戒之言丁寧如昨日聞畧述舊聞列書于左惟願若曹念茲體茲朝夕當必須索察古人工夫不易得之處又以余受命之言爲戒則或庶幾乎

西漢倪寬千乘人也少受尚書于孔安國家貧無資爲弟子都養爲諸生治飲食以其餘自給嘗爲人家傭作帶經而鋤休息輒誦讀畎畝間後官至左內史

西漢朱買臣字翁子家貧好讀書誦經不知雨流麥賣樵以給食擔束薪行且誦文妻羞之求去買臣不能

留聽自去後爲會稽太守到郡見其故妻治道呼載
後車悉召故舊有恩者報之擊破東越爲主爵都
慰尉

西漢匡衡字稚圭好讀書家貧無油鄰舍有燭衡穿壁
引其光讀之邑大姓人家富多書衡乃與其家客傭
作而曾不索價願盡得其所藏書偏讀主人感其意
資給以書遂成大業元帝朝拜丞相封樂鄉候

東漢桓榮字春卿自幼爲學嘗師博士朱普家貧無資
常作傭自給普卒榮負土成墳讀書精力不倦十五
年不窺家園學業益進及天下亂抱持經書逃山

谷中卒業後官至太師帝賜以輜車乘馬永〔榮〕會諸生陳其所受曰今日所蒙稽古之力也（明帝時人）

東漢高鳳字文通家貧無食專精誦讀其妻拾得野麥曝於庭中戒護鷄妻之田鳳持竿誦經不覺雨漂麥後竟成名士說仁義遜讓鮮人爭財鄉里不敢聞以非義遂隱尚其志樂寓漁釣（章帝時人）

東漢邴原字根矩年十一遭父喪家貧早孤隣有書舍原每過而泣之師曰何泣也原曰讀書者皆有父兄一則羨其不孤二則羨其得學師惻然曰苟欲學不復資也遂使就學原忘食誦讀卒成大業經術冠於世後

為魏中郎將(漢末魏初)

晉劉寔字子真少孤貧賣衣以資給篤志好學手約繩口讀書帶經而樵進火而誦乃成名士鍾會 鄧艾伐蜀知其成功而俱不還後著崇讓論以矯正時人(武惠時人)

晉皇甫謐字士安自少好學家貧無資躬自稼穡帶經而農耽讀經籍忘食與寢時人謂之書淫武帝送一車書獎之田里中樂堯舜之道著禮樂聖真論號玄晏先生

晉車胤字武子好學家貧不能常得油夏秋之間拾螢火盛以練囊照書讀之以夜繼日為人恭謹周達人咸愛

重每有盛會胤或不在皆云座無車公不樂後官至尚書郎

晉孫康京兆人也少性清介不妄交遊篤志好讀家貧無油冬則映雪讀書康平生雖一寸光陰重之如金後官至御史大夫

南齊江革字休暎幼聰明六歲能屬文學與弟觀早孤貧隣無師友兄弟自相訓勗遭天下亂盜賊並起革負母逃難備經險阻或山谷中於道路傍兄弟相勸講習益篤亂定與弟觀俱詣太學謝朓敬重焉學成兄弟俱為顯達革爲魏所執不屈而還明帝稱曰今日復見蘇武節

南齊江泌少時力學家貧無油常隨月讀書及月斜乃昇屋以盡其餘光竟夜不寐而成大業後官至御史中丞

唐柳渾字(惟深)早孤好讀書方十餘歲有巫告曰兒相夭且賤爲浮屠道可以緩死諸父欲從渾曰去聖教爲異術不若速死自勉愈篤閉門不出誦讀數十年與遊者皆名士後貴且壽而爲唐名臣謚貞公

唐王播字明敭少孤貧苦無資學(客)揚州讀書於惠照寺木蘭院夜則照讀壁間燈光朝夕隨僧齋飡僧苦厭乃飯後而擊鍾辛勤二紀播自致重位出鎭是郡(郡)厚報前恩穆宗朝爲相

宋范仲淹字希文二歲而孤母夫人貧無所依適朱氏旣長知之感泣去之南都篤學乏食晝粥繼昕夕時或昏怠以水沃面後官至丞相厚報朱家乞贈朱氏父太常博士諡文正

宋范純仁字堯夫文正之次子也少時篤學晝夜肄業至忘寢食常置燈帳中夜分不寢燈烟成堆帳帷盡黑後公之貴也夫人收其帳頂如墨色以示子孫曰此爾父少時勤學燈烟跡也官至丞相諡忠宣

宋司馬光字君實幼時患記誦不如人獨下帷絶編倍誦七歲聞講春秋了大義一室蕭然書盈几或在馬上或中夜時誦其文思其義又以圓木爲警枕少睡則枕轉而覺乃起讀書

幼與群兒戲一兒墮大甕水中已沒光以石破甕得出後爲
宋朝賢相謚溫國文正公

宋張九成字子韶夙學天成八歲嘿誦六經通大旨年十四遊
學郡庠閉閤終日寒之折膠暑之鑠金不越户限比舍生穴
隙以視之則斂膝危坐對置大編服膺勿懈若與神爲
語經術大就世稱横浦居士封謚國文忠公

與人金玩山書

日聞菊山元作兄賢胤病勢急報再昨躬往探之則雖免危
劇元氣脫落惟支存一縷陽脉而只一殼立聞其起病之初皆以
爲失眞以此治之少無見差今此岌岌之際偶以益元清暑湯等

丁山

劑投之則自能穩宿一夜更次又能収復自家心神藥已則復然
不識果是暑毒之肆耶有或心經之失耶試藥察症之人亦不爲
不多如漁子之訪武陵只苦問津今丁兄之意惟願吾　玩兄之
一照明鑑也此無他獨爲吾 玩兄之
惟謹愼也雖然好無委送之人又無離側之暇觀者藹然以弟於
兄爲其無間仍使之轉叩囑故遂送小豚敢屈　杖屨雖紛冗
中幸　賜一顧專仰專仰義當造門面陳數日以風之餘眼昏令
足蹣俱足爲苦未遂如誠幸　恕之如何鄭兄處向直眞傳劑圖否
而厥後之如何措縱尚未得詳矣昨暮聞其里中人所道則殆無
勝相悶然然吾人之衰病且痞躬而欲落不落者在在如是自不
禁撫世興歎菊山還　駕之路或顧之鄭兄否若能然則兒

回　示之欲於蘆湖上一叙之計矣喜柱揭蹄至則必知之不復
提餘在小豚晉白中惟兾
體守神相萬重不備候上

又

方注目車塵奏豚獨自空還逐言師則採藥三山雲深島遠不知
何處去何日來聽言未半腔血自溢而只得呼奈何而已海濶天寒安
穩返棹否慮仰慮仰鄙書想　照覽見矣何暇書得許多閒說話
但願以丁兄區々之念爲　念則幸也此寒太峭伏惟
靜養食起居神相晏重益切願聞往還之次使有相聞也暫此不備禮

又

歲色紗薄感懷愈切伏惟
燕超起居連衛益勝達行之資庶得料理否慮仰慮仰尙者吾
兄命駕菊山之朝候于道左竟無過跡是甚訝也意謂傳言
者之誤期耶顧捷徑於塘洞焉也耶又意謂還 次必有相聞也
己過一宿又復寂然良悶良悶雖然丁稚慎祟一照 明鑑果是
何症而或可無憂否實切願聞幸毋 金玉爾音姑留不宣候
禮

漫筆示政侄 甲戌十二月 日

近日汝之所書太甚狂悖豈足使觀者自愧也可歎 癡叔所慮者
獨在乎書之能否耶在乎心之存否也書雖小技亦六藝之一上自

朝廷下至閭里而日用之不可缺者也是以古今士君子莫不從事于此惟法之是則而精之是貴外其法則亂失其精則淫故雖在千古之下萬里之遠觀其書而想其人指其畫而論其心夫書之存中著外者若是其可誣耶 叔生而懦痴年十五始入學急於句讀無意工書褚管亦乏平生不知結構嘗聞老師之言董(其昌)文敏云書須熟後生柳學士(公權)言心正則筆正蔣(仲和)爲齋論要於法中求精此勤工祖法而擇精之謂也叔聞之在耳六書之法不敢言知竊取老師之言書之疏密肥瘦縱橫跌宕雄健方正信不出乎之勤之法之精者嘗有自流放淫逸中出來耶今汝之書一無敬謹溫雅之態走歟乎横捺小無忌憚而軍將易置甚不謂也意欲見狂於人耶古

之張狂米顚非此之謂也其筆可能也其狂不可及也叔之區區不顧使汝鴻起龍騰但思正畫精寧古拙也足

答權重明書

遠路寒天 委訪野屋顧其義重於千里命駕何等感悅苦茶冷醪太甚淡薄 足下若以為真樂則幸也以為禮數則未也坐席未暖回旋又分手車塵茫茫懷緒搖搖此豈衰老孤寂者之所可堪耶欲問 安稅之候而此亦未果矣際承先施 辱書是誠令人愧殺執書良久仰想古人朋友無我之義也脩謝又稽良足一罪雖然 足下或能以東坡所謂答亦好不答亦好之意恕之耶謹承審書後有日旅中體候連衛是安勝實覃均休區區願聞 實叶顧言 弟 慈候粗安身亦依劣是

藏

爲私家之幸而向所　俯教退陶夫子松竹軒韻重違　嚴囑茲敢忘
拙構呈幸須　覽後丙之爲遠友蔵疾如何聲遠詞伯近復若何未能
各幅修候爲我謝告多少留續不備謹謝狀上

與金玩汕書

孤燈冷突呵手過冬良有支離居然獻發懷舊感新與歲更始元朝明
淑端日浴出占得有豊生靈回祿伏惟
尊體屢復新增福寳單多慶深祝　弟　慈候粗遣諸累無警言是則爲
幸而但草木之齡更添一齒生來作業不足一笑回顧前塵寸金光陰輪
盡於走作塲中而所得惟白首狂悖四字而已早知如此寧從事於陳
篇作讀書老童子死了足矣惜哉奈悔之晚也何猶幸今日之得免

笠子正茅

人數者惟吾　玩兄數十年直諒提警之　賜世何日結一把茅於西隣

朝夕得聞忠善之導而修補闕漏以贖前愆而無忝所生耶此志未遂

垂暮益歎惟　兄江沘夜靜讀何書窮何理晚年之工想做得

不少深羨深羨次丁慎近復如何願聞留在續候不宣禮

與丁氏書

歲去年來貢慮之心未嘗小弛立春後二日拜得玩山金兄書　允君患

症大有差度云能使人起色其喜可量也哉且吾　兄一生種德可動神

明豈有長憂不解之理乎另勝賀其喜謹審新元

體候清穆寶覃益增吉慶允君之慎漸臻快境否并溸仰區區頌

閒弟慈候寧日恒少憂悶難狀而身亦苦無勝況自憐[illegible]伏寒突

酒腸長鳴老妻素是無識夫人而以謂腹痛深自爲憂可笑案上
陳篇都是四十年腐我之物披之自厭四隣知舊無故自踈於是乎
此漢之爲人無足更道望之前後欲抖擻作餘山之行 兄必愁寂掃
却家中苦業枉訪于玩山書室一開新春顔色甚好甚好幸勿孤
望餘在面叙不備候禮

與從孫婿李權洙書

謹以省式臘尾赴登春脚渡洛懷伊之感與歲俱新况審
萱堂體度迓新康健侍餘服履復不瑕有損慰念不鮮 拙夫 慈節恒欠
調度夙夜憂懼 拙 狀不足言而但一草木賤齡又添一筭詩歲月許大所得
烏有顧一生做來事無非狂悖底業竊取數卷殘書有時佔畢

而收補殘年而(以)欲贖前過之萬一而舊習餘波驚動虛舟敗了乃
翁事可愧且可笑舊臘所囑　白先生文集果能轉借否此意直
達于英善丈幸以借人奉審則此亦與人爲善之道也善圖之且丈望
義當先書白于英善丈矣而書　君而止雖知無間殆近乎敬客而
慢其主者也　君其善白解之則好也餘胡草畧疏

乙亥元月人日　石潭拙夫泐拜

答李圭玄書

謹以省禮言日月居諸伏想孺慕益深更伏問
哀體俯循禮制而無致過損否慮仰之忱曷嘗少弛弟慈侯欠
調憂煎難狀奈何　惠示盛教自是君子居動攸宜而認出勤

念此可以見朋友相愛之義加於人一等也何等珍感銘謝銘謝姑
留不備疏上

答玩汕書

日久瞻仰之際拜承 惠翰便若對席奉晤謹審書後
靜中體度神旺康穆仰慰且頌弟 親候保遣伏幸萬千而
示意謹悉則李君之客中勞實不容易而如此盛意不可忘
也誠感先於喜也日後之隨聞相報非弟則 兄也以此 諒存姑
留不備謹謝上

與女婿金貞一書 乙亥三月十三日

麥雨時降四野添色和煦際茲

重候康穆侍履復貞吉注念不已拙夫侍節欠調日夜恐懼賤軀
不足道也昔唐顏魯公為刑部尚書時乞米李大夫帖云拙於生事
舉家食粥已數日今已罄之實用憂煎魯公尚然況乃翁之拙
遠近所知安得不乞乎乞西曹而過冬又乞東李而活春魯公所謂
今已罄之實用憂煎幸送一石祖見 惠自可良足老夫性稍
窮困不能安命故有此累系干 覽可一笑也餘姑閣不具式

挽朴祐根

梓桑山水好家居
孝弟傳承業有餘
與誰想像濂溪月
無復共荷栗里鋤
舊日詩書歸俗物
多年風雨愛吾廬
我哭送君三世去
白頭後死愧何如

挽朴祐根 代著

門千戶萬今何世
風驅釋莊波翟朱
白上山頭埋玉樹
不知誰是聖人從 徒

戊寅 春懷金亮 炫璟洛 号覺山 東巖

永懷覺山子
定是何許人
寒梅耐守雪
旅鳥自鳴春
張籍憐多病
原思素舊貧
安得盈樽酒
爲留席上珍

謹次伴鷗亭原韻 並記見文集中

勝地元來正向陽
主人卜築伴鷗堂
四山蒼翳琴書濕
百首新詩可頰香

友人金容沅仲洛築亭於所居之洲上而名之

次三笑庄韻

拙句爲他生面客
病軀久負美風光
採藥何時同擧酒
暮山三笑接秋光
遙知烟雨尋盟處
多少沙禽爭舞翔
如今道子圖眞相
肯與虎溪讓彼長

過日本東京作

穆穆神都門四通
皇家大道与民同
萬國衣冠鳴釖珮
千官文武躍龍熊
山高富士天無北
水接扶桑地盡東
霜均雨普誰多力
靖國祠前徃溯風

歎士友不從

一
柳綠桃紅水上臺
有誰同我採詩回
二
潭深即見魚爭集
松稚何嫌鶴不來
三
雪月精神留户月
東風消息入窓梅
四
玩花園裏吾人少
百鳥聲中獨擧盃

此篇中多有誤錯[illegible]處疑傳者之誤矣姑記以俟知者考攷云爾

[illegible]

被酒過野

被酒過前野　柳岸午陰短
詩思自不勝　稻田秋氣蒸
海霞天半落　相逢驅鳥老
潭影樹千層　指〻較年登

輓金象坤氏 代作

忽聞公不淑　賢聲連棣萼
更想氣度寬　福慶繞芝蘭
詩思貪益壯　道德山前路
福儀老未闌　行人淚相看

禮

輓丹邱崔主事

恒河洗盡古今沙　華堂幃幕依前靜
死了于清道不奢　南北東西莫止些

輓圓明宋和尚 二首

聞道上人已化去　不知此淚從何出
世間遊戲草晞輕　自愧吾生未忘情

輓朴司課尚溫丈

天聳當時倫有五
千紅萬綠誤經綸
我聞佛法善因果
往復他年更覓真

公亦厭世涵
題挽素秋高
得參同醒醉
浮沈任風濤
俯仰心無作
老窮氣益豪
典形從此去
何處著蒿蒿

題李譓榮心齋山庄 重出

先生何許老
碧草滿庭前
村深栗里宅
山隱首陽巓
琴書左右壁
日月先後天
卷舒任自在
居人不紀年

元旱詩 贈朴佑根 重出

九日北風一日東
西隣愁殺白頭翁
誰將雲漢作甘雨
四海生靈同歲豐

挽主事族丈 允明

邵德高齡古所稀
令朝誰謂丈人非
晩生從此無歸宿
盡日惆然望翠微

挽巴山李公

肇夏曾聞調度愆
秋來誰道夢嗟賢
書中不死春秋義
亂裡全生二十年
孝友家聲傳世業
衣冠儀範繞林泉
百回執紼無留得
水碧天長倚暮烟

又代作

痛哭天何意
忽驚長者亡
辱親嗣兄弟
誨禮講漢唐
無復古遺直
有誰今最良
未能來執紼
題挽淚盈裳

仲秋 八月中旬夜懷 族祖芳秀氏戲

良辰懷思倍悠悠
風撼物情星月流
四海弟兄同骨肉
一枝花樹幾春秋

呈四韻

仲秋十五夜懷池詞伯翼江

平生長恨秋鄉橋　欲上雲月綵虹斷
何日共登遠景樓　河東織女使人愁

所懷非不切　明月三五夜
佳辰倍悠悠　清風八九秋
天南人有玉　邂逅知何日
海北獨登樓　黃華晚節留

友人

挽五衛將曹公　德承氏

所

少來交契友先子　物外田園傳世業
老去深情愛後生　隱中山水住精英
沙溪一曲誰為主　八五高齡何敢恨
康節三平已逸岷　衣冠不復見崇禎
嗚呼公葬先夫子　瀟灑雲林空自靜
豈謂今朝執紼来　荒涼竹逕為誰開

又代著

哭故迎日鄭丈顯鎔氏 薤

風流不乏酣陶菊 忠孝何曾讓老萊
自謂仁能無量壽 如何長德歲將非
間世高風連棣萼 滿庭寶樹政芳菲
真率威儀從此去 薤歌起處寄心灰
隆熙日月同天看 萬曆衣冠掃地歸
漫遊不識滄桑變 痛哭臨門對落暉

甲戌四月二十日餘(飲)酒登山暮行野中偶吟五絕 (春飢)

幸賴盃酒力 登高徧南州
村舂盃對々 野麥苦遲秋
山影暮相合 溪流自不休
能無溝壑者 懶烟繞汀洲

密陽朴氏夫人誄詞

甲戌仲秋

如何婦德亡 承訃一霑裳
早寡知有命 居貧視無傷

孝烈猶餘事 辛苦參孟母
養孤正自當 謹嚴直敬姜
欲識夫人淑 盥手臨題誄
但看四子良 堪歎筆不彊

五月十七日往看小子見疾有大差效暮歸喜賦得七絶

露下蟲鳴日暮時
雲消月出天開眼
怱々我步反遲々
乘興徐行自賦詩

仲秋夜月下獨酌

良友在何處 烟沉晚浦合
無人問病翁 鳥宿秋山空
對酌惟明月 三盃幽興足
入簾但清風 閒步繞林東

仲秋夜懷李心齋

何處美人在 水田稻應熟
捿遲鶴山陽 藥圃秋可嘗

勸孫元讀書
得元字三十四
韻

清遊竹三逕 幾盞忘家事
古調琴一張 自頹北窓凉
汝知書契否 堯舜傳心法
上自羲與軒 周孔立道原
先自小學始 莊賾講禮易
此人進學門 心性備孟論
詩書治平述 春秋嚴義斷
庸學道德溫 逆誅推王尊
六經旣如此 勸爾勤讀誦
百家亦式繁 聖人於我存
一日立一課 意義熟後得
讀須三百番 不得不措爰

莫恥惡衣食　范公旨劃粥
飽暖是病源　仲子衣弊褞
出戶愼步履　空釋外君父
異說滿路喧　誕莊搏鵬鯤
二氏皆近理　矧此衆人輩
豪傑亦失魂　能辨相與渾
病俗如疫染　勸爾敦忠孝
漸人似浪噴　戰兢懲彼昏
人其人是學　聖訓具在策
愼勿招苙豚　嗟曰來汝孫
齊家與治國　寒者以爲帛
在此勤繹繙　飢者皆得飧

慶能孝其父 信友別男女
出則忠于元 敬長友弟晜
卓彼乎往哲 得駿須冀野
恁地定脚跟 要玉必崑崙
勸爾當勉勵 戒勿索梨栗
歲月隙駟奔 將恐誤銀根
司馬用警枕 減油非愛子
董子不窺園 其奈面墻垣
油盡更隨月 母柰爾所出
夜短以繼曒 報答師父恩
細說為汝出 書意不在遠
我非說欲煩 人家日用言

挽族侄基彦

甲戌十一月六日

同堂親誼又同年　竹馬舊遊爭後先
楓橋冰結君何去　花樹春殘我自憐
白首耕田歡養母　赤貧到骨不違天
莫作歸程懷抱悪　孫承子繼更緜緜

次徐轎峯湛順契原韵

松竹軒

轎翁杖屨此南州　淡靄閒雲滿眼流
百家未必醫人俗　一孝能供衆所求
水色鑑開涵養日　山容玉立琢磨秋
肯構斯堂追遠慕　故知賢嗣信從周

古來寶物鮮能居　深意曷嘗無厭初
先生手澤磨何磷　字體煒煌密且疎
胡突謾傳塚中帖　道來難保火前書
曠感非徒松竹扁　斯文況是刼塵餘

松竹軒昔退溪李先生作宰豊基郡時親筆書額揭扁于郡衙者也其後永年保存矣及韓日合幷後以時庚辛年間討伐隊出駐是郡撤去以爲浴湯底板先生傍孫李公欽嶠適時寓于此見其不忍道光景卽收藏于本家云爾 安東權君重明募集左右儒家詩句以志此事故忘拙搆贈

仲春與朴必元敬善對酌

從來酬酢幾光陰
白首相逢自沾襟
櫻花將吐千封玉
柳葉初開萬片金
有志男兒當老壯
無情歲月任他侵
擧酒勸君々更飮
與酣我欲一高吟

春塾(金貞一)席上與石溪(金允五)對酌

村醪猶勝洞庭春
醉眼相看歲月新
餘子紛々何足道
舊日面微紅頭髮白
不知過了幾風塵
晩生自此將安放

輓車公

古人風範惟公存
痛哭臨門日欲昏

輓宋子善

近來多悪報　慈德金翁没
太半自山南　高風牧友龍
奪賢天果忍　公又空群去
埋玉地應慟　此懷政不堪

挽議官鄭碧石

我

我公不淑真耶夢　憂患相將三十稔
豈忍把毫題誄辭　風流酬酢幾多時
經綸違世曾沉酒　山水知音從此絶
晚託詩　白頭來哭恨何其

挽李景振

重出

嗟公清德清於水　顔氏屢空安素分
晦跡韜光了一生　韓康隱市縁身名
中天風雨無時霽　太上忘情吾不信
下世衣冠最老成　泉詞題罷自霑纓

柳屋

舊居頹漏不蔽風雨癸酉秋小子泰結柳為屋雖小如蘋子擇勝亭亦一冷措大可以曲肱寢息而妻子團欒得所故戲題(小序)

柳屋爭如擇勝亭
曲肱可足送殘齡
所幸人間風雨蔽
不要身後姓名馨
妻孥團欒仁天屬
山水麗明得地靈
傍人莫道西窓小
寫了范公座右銘

追悔

從來浪跡任狂遊
不覺樽前歲月流
自家活計書千卷
送老生涯是一丘
盡性元非求福祿
役形都是坐圖謀
俯仰何如忘機鳥
寧將白髮伴沙鷗

懷金炫璟洛
号覺山 金君介士一生貧病惜哉

挽李君龍燮
君英邁而早死

題峴南居士重用
佐川韻贈別玩汕
詞伯詩後 二首

永懷覺山子
空是何如人
寒梅獨守雪
孤鳥自鳴春
漫筆為君誄
却慚造化翁
雖占牛歯眹
忍見馬鬣崇
破屋乞糧盧玉川
分明現幻與君連
老大偏多遺感想
踈狂漸少舊因緣

張籍憐多病
原思素久貧
安得盈樽酒
為留席上珍
跖魋何壽貴
顔冉返夭窮
衆惜龜算短
我獨愛蜚雄
胷襟曠漠遊雲鶴
口氣清虛畀食烟
天涯益友詩中得
盡日吟哦却爽然

戊寅臘月 日 元叔侄示鳳
立春前十二日

心交何間隔山川
篇末題詩名字連
陽春古調高難和
太素微言遠莫緣
千里相思東海月
百年沉痼北溪烟
後世子雲何足待
文章光氣已蒼然

夜雨滌群陰
東園春意深
天地將更歲
人生得會心
梅腮粧白玉
柳眼潤黃金
汝能日新德
終見花滿林

挽李丈 景霖

嗟公清德清於水
晦跡韜光了一生
中天風雨無時霽
下世衣冠最老成
頹氏屢空安素分
韓公隱市祿身名
太上忘情吾不信
哀詞題罷自沾纓

挽李景霖重記

挽金丈 鎮杓

海岳南天擢柱峰
詩書教雨露先澤
千家鳴杵不相舂
孝弟高風驅俗慵
百里歌謠歸世德
此來痛哭非公惜
九原賢者與誰從
鄉國威儀失舊容

酒後漫筆 五古三十韻

雖是自傷之辭亦不能無怨尤之意也

我屋西溪西
粲粲衣正色
種得半籬菊
鮮鮮帶初旭
香房向日傾
開花金作溝
老枝如躬鞠
結蕊玉蘊櫝
窮人趣味香
對酒花作伴
老圃秋容淑
灌花酒仍縮
寒英落井中
撫去怡心靈
飲之如甘谷
搴来為佩服

履霜堅冰至 不是霜下傑
緣何開不夙 恥與花中族
象芳共爭春 善看歲寒操
晩節自謙牧 白首汗如沐
天寒風日暮 放龍坐長歎
採採持贈孰 惡莫非草木
悠悠所懷長 指佞非靈草
千載如在目 堯德自巍郁
高宗調梅羹 成王能反風
說來自傳築 偃禾秋乃熟
王春病博施 蟠來豈壽民
亳都始桑穀 盛德愧周穆

挽李鍾勳 九月十五日

李唐貢荍丹
宮中遊野鹿
象石佩蘭屈
疇能懷橘陸
周氏獨愛蓮
不可以褻黷
麥秀何蘄蘄
父師不堪哭
靖節曾已歿
黃華讀自馥
碧友云亡淚未乾
又君送祖出江干

咽李惡能廉
食松假辟穀
晦翁感靈芝
貧當詩三復
知竹惟夫子
三月不御肉
薇蕨幾回春
千古餓夷叔
露乾春秋筆
誰傷晉社屋
青年苦學功名薄
白首歸耕素分安

挽崔丈 祥㿻氏

仝上代著

拙妻回甲日

有感 二首 乙亥

有酒相招非為醉　猶歟儀德從何得
無憂共對不曾寬　海岳秋風獨倚欄
先子與公杖屨同　南溪秋興魚登釣
暮年行樂在山東　北海風流酒不空
清濁分明醒醉裡　奈何長德多零落
衣冠自有亂離中　却便晚生歎撫躳 躬
石能可轉心難轉　與利每尋貪管子
愛惡悲觀也自情　孱親偏　病長卿
生來未報施檀越　豈料今朝神道錯
老去只期祝壽彭　臨門痛哭隔蓬瀛
冠而親迎依如昨　白屋同居多小日 同
孫說祖孃再甲年　寒廚并食幾空烟

又

挽竹逸鄭先生 乙亥十二月十五日

仝上代著

短裳割盡縫郎襪　獻壽高堂羅拜舞
寸紙塗穿養子遲　慈顏九十一欣然
一平三白尚遲歸　主婦德新惟日樂
四鳳渡東書亦稀　詞人命薄與時違
諸郎進酒添春色　祝壽南山慈母悅
小女製裳繞瑞輝　今朝不愧舞斑衣
昨夜奎星光彩晦　滄洲書禮從誰講
士林憔悴但噓唏　萬歷衣冠自此稀
甘老平泉非獨善　晚生歸宿知何處
元來直道與時違　獨抱遺文泣暮暉
如何造物多慳天　精彩尚留曾過地
南國文林喪主盟　猪頭山水照心清

六

挽金丈鍾奭 乙丑二月二十二日

壽福由仁得　雲林是第宅
翁年躋九旬　耕讀本經綸
無愧崇禎士　帝鄉何處在
顧同舊天民　題誄淚盈巾

仝上代著

雲騰雨打今何世　釣去磻溪窮呂尚
麗水明山自在翁　採來商雒老園公
享年高與齊南極　遊戲人間知幾許
養勇深非貫北宮　羲歌一曲萬緣空

竹坡李圭玄晬日

一路寒梅已放春　窮途阮籍非無酒
晬家壺榼速嘉賓　海曲梁鴻未送貧
子變成童能讀字　竹翁素養異諸俗
妻君雖老足供脣　不愧道峯稱逸民

挽車相活氏 丙子六月十三日

不信我公言駕鶴
仰看雲浦浪花淘
懷抱歸虛悲倜儻
經綸未展老蓬蒿
孝聲南國門閭壯
文藻古家風韻高
由來種德慈平在
稱子肖孫是鳳毛

人嘲吟簡 玩汕居士

君能隱市我荒郊
豈敢畏名甘此逃
墻東自是安身處
水北元非索價高
白鷺耕沙閒飲啄
虛舟傍岸定波濤
欲巧蛾眉其奈拙
出門每被好人嘲

挽金丈鎭教氏

先子與公託知己
青年交契老彌新
可惜禮儀終不古
奈何長德日相淪
首陽歲暮餓商士
栗里春深醫晉民
享齡九十由仁得
將卜尊門餘慶津

挽族祖永和氏

諱音胡爲此　守翁是烈祖
少微闕星芒　晋陽好家鄉
渡淮同橘歎　三代上心法
在天襲桂香　萬曆舊冠裳
孝弟傳先業　氣度悲倜儻
耕讀本經常　壽福由慈良
那意夷變夏　六朝傷五秀
人獸難可方　文廢又道喪
薰猶共藏器　應知厭溷濁
珉玉相混光　今我泣滄桑
雲間護嶋駕　敢欲題儀德
吉地卜牛崗　自恨筆不強

回甲日哭母氏靈座前

丙子十二月十日朝

去年今日此庭中　安得呱々長不死
壻酒嬌衫拜舞同　喪餘日穀無窮
頭邊宛若加巾帽　嗟我弟輪來侄政
戶上依然掛矢蓬　吾家百口母芳躬

每當賤降之辰寒々廚蕭條無以慰悅親心而壻金貞一年々此日必具酒餅魚金氏女又製衣以進以足我子母之情則母氏不在而又以衣饌來供憶昔母氏在堂之日哀痛倍切更安忍衣饌為哉拜奠于几筵之前謦欬寂寞此心皇々無所依歸自切劬勞之感而因題一詩

丁丑人日磻谷裵源㶊要請贊道文字親冒風雪遠訪宋恭山子星山感其勤意以詩送之

際此萬邦譁道時　江回洛水航歸晩
好仁勇義幾男兒　雪壓星山馬去遲
特地梅花爭致客　氤氳何處桃源在
滿天風雨獨尋師　不是武陵是武夷

昔唐白傅喪中賦詩右禮者譏之僕不肖浪漢何敢避人之譏哉但踈狂之性懶不作詩者久矣惟此譁言道學之世奮不顧身以衛道尊賢爲平生已任今又以德峯書堂記文請受之役當暮之年犯寒直前跋涉南北感其勤苦强顔露拙得無好詠犯制之誚耶

今日前一日罪弟時中　獻稿

宋氏田園小碣銘 丙子冬

繼世種德 屬洞萬一
大嶺以南 蠲租再三
恤貧養老 衆口鳧藻
省旱慫荒 白屋烟蒼
淳風扇越 遠上一片
貪夫識廉 往來俱瞻

挽姜善日 代著

宇內百年人死了 誰知莫狀丹青處
潛夫隱德最難諶 不愛葬公愛葬心
山水同吾兩家世 九原賢者與歸盡
寅緣兄弟七旬餘 後死而今恨不如

又 代著 两

挽族侄善父

公早撤不學耕鑿作業為人孝友忠信此本其性
然年七十以卒子孫甚衆而皆業農守分

次伴鷗亭韻

友人金海容沅仲洛築亭於所居之洲上而名之（重出）

耕鑿自家業　田水同心白
貪淸不改歡　庭梅保骨寒
與人盡忠信　孰謂不學已
遺子以分安　能使不學已

勝地元來正向陽　四山蒼靄琴書濕
主人卜築伴鷗堂　百首新詩牙頰香
拈句爲他生面客　遙知烟雨尋盟處
病躬久負美風光　多少沙禽爭舞翔

挽宋永克 二首

東西風雨急　飜作千桑濁
捲盡屋上節　不可施寸膠
惟公能孝敬　正得淸死了
咸頌家道肥　九原與誰歸

李承晩氏
歸國詩

山兄水弟血同流　將劃麋鹿先親鶴　重慶夜燭雲梯路　壯士莫言歸國晩
兜旋堂〻黃菊秋　欲釣鮫龍故伴鷗　渤海夜燭兩箭舟　行裝巨大卒難救
風鍾

三母酒　此釀法與濁酒同一而這三品細切米蒸熟時同入釜和蒸

牛膝
生地黃
地骨皮　各一斤
糯米　三升
曲子　二升

右釀后百日或三七日滿服之百病神効

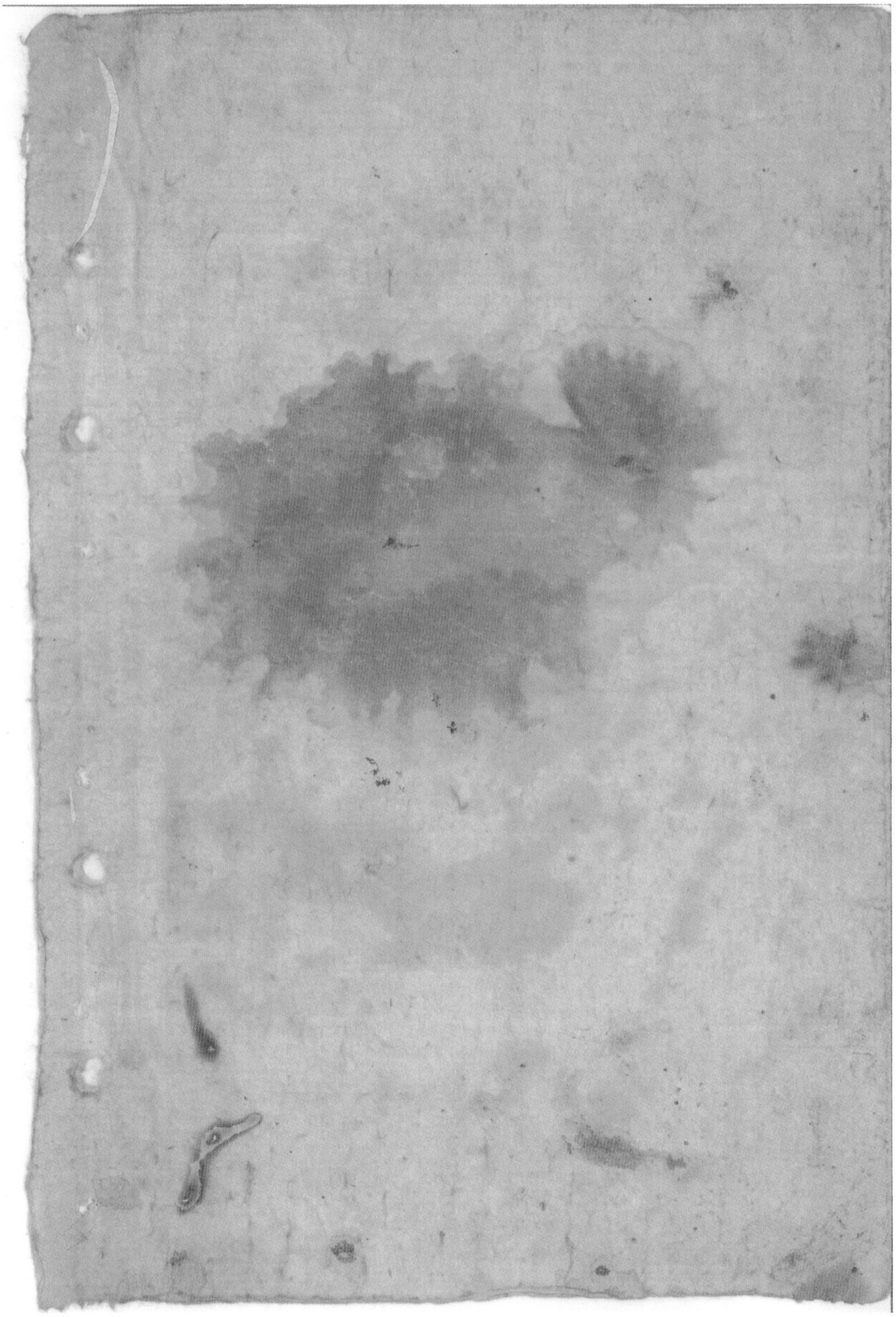

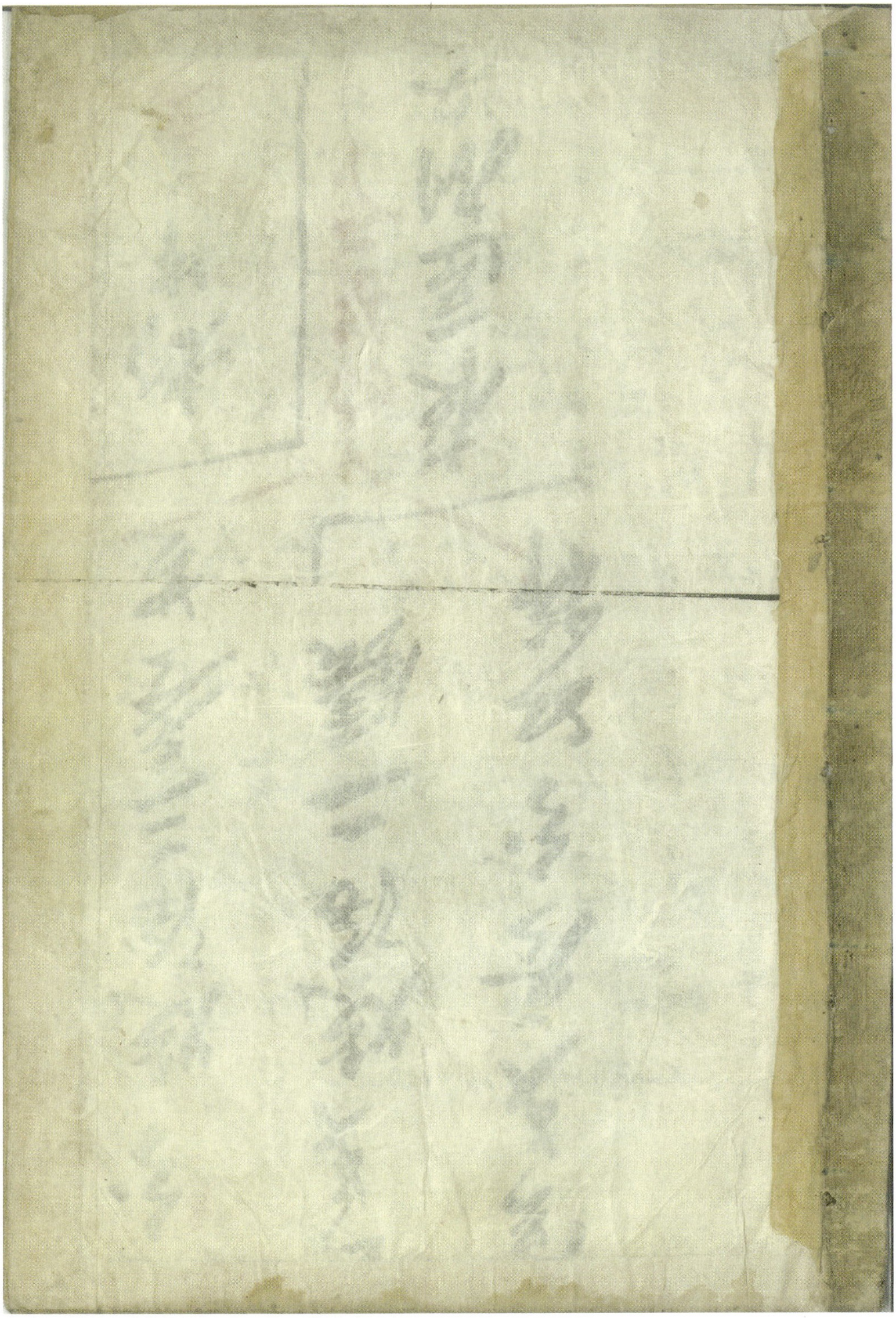

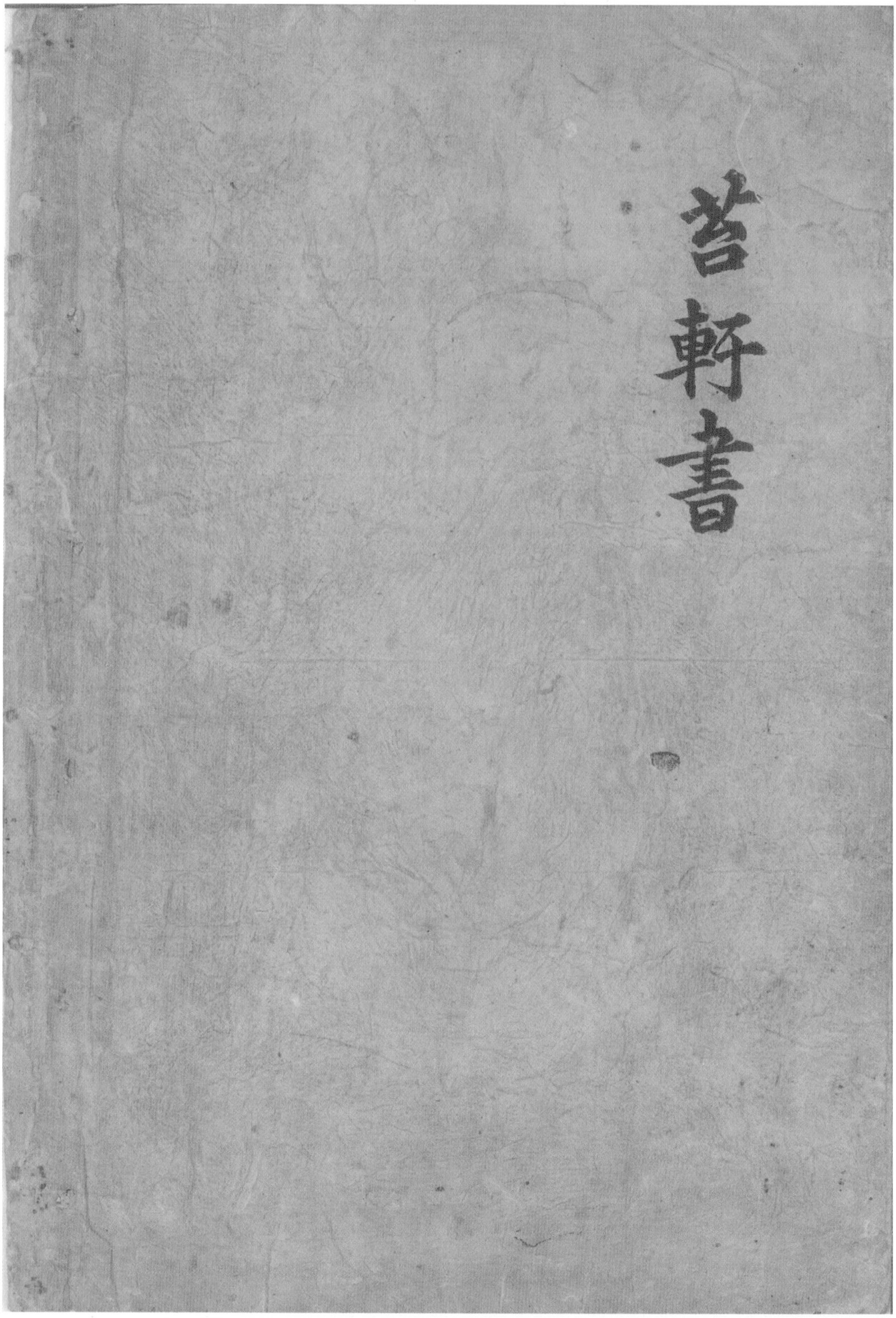
苔軒書

권3

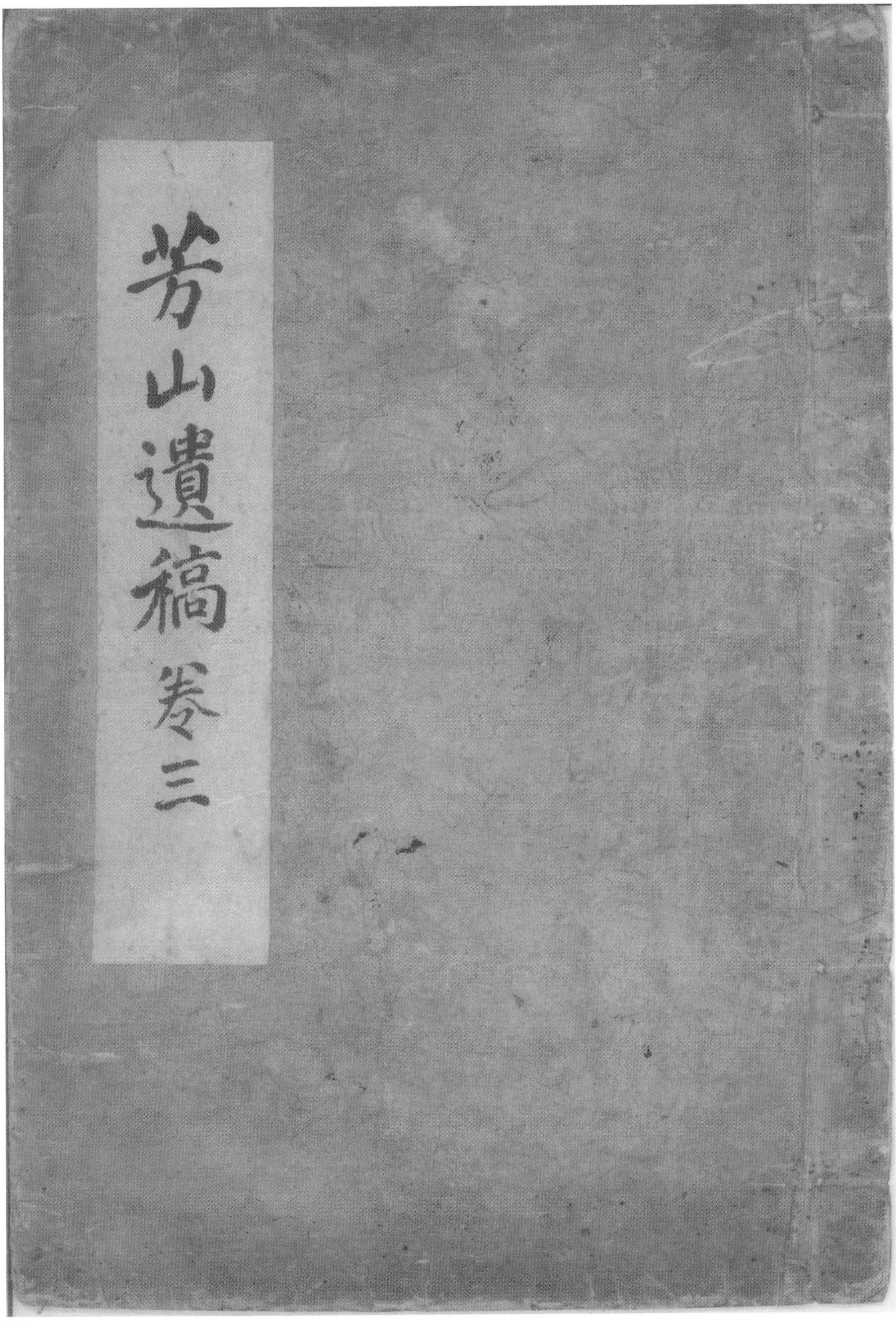
芳山遺稿 巻三

親親以三爲五以五爲九上殺下殺旁殺而親畢矣

詁由己身言之上有父下有子宜言以一爲三而不言者父子一體無可分之義故惟以三爲五謂因此三者而由父以親祖由子以親孫是以三爲五也又不言以五爲七者蓋由祖以親曾高二祖由孫而親曾孫玄孫其恩皆已疏畧故惟言以五爲九也由父而上殺之至高祖由子而下殺之至玄孫是上殺下殺也同父則期同祖則大功同曾祖則小功同高祖則緦麻是旁殺也高祖外無服故曰畢矣

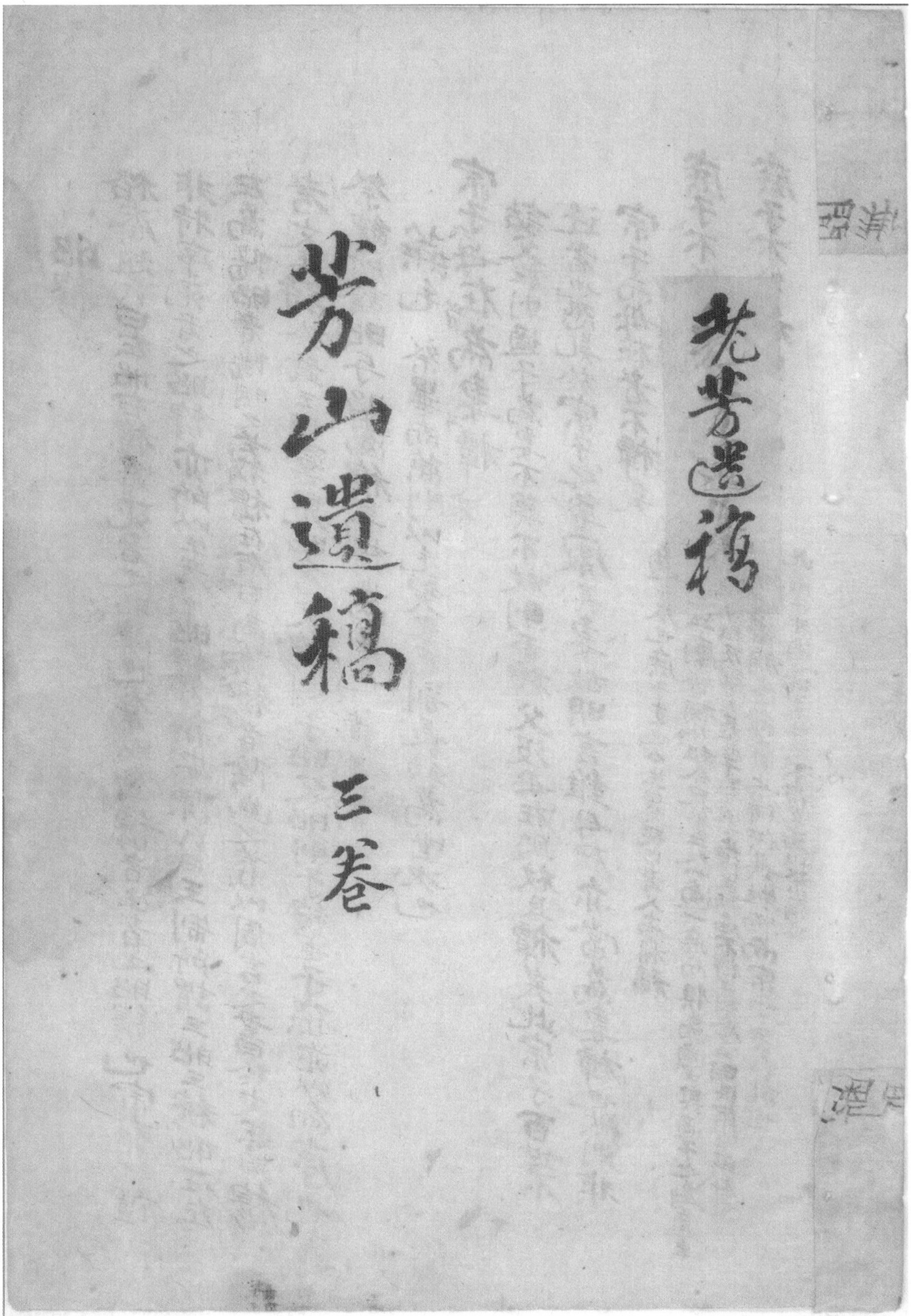
芳山遺稿 三卷

先芳遺稿

昭穆

格菴趙氏曰左昭右穆者死者之昭穆也君羣昭君羣穆者生者之昭穆也宗廟之禮非特序死者之昭穆亦所以生者之昭穆○新安陳氏曰王制所謂三昭三穆昭在左左爲陽昭者陽明之義穆在右右爲陰穆者陰幽之義以周言之書於文王曰穆考文王詩於武王曰率見昭考父穆則子昭父昭則子穆也子孫亦以爲序也祭統所謂昭與昭齒穆與穆齒是也 齒年數也

燕毛 祭畢而燕則以毛髮之色別長幼爲坐次也

宗子母在爲妻禫 云

註父在則適子爲妻不㢸不杖則不禫父沒母在則杖且禫矣此宗子百世不迁者也恐䙱於宗子之尊厭其妻故明言雖母在亦當爲妻禫也然則非宗子而母在者不禫矣

庶子不祭祖明其宗也 云

庶子不祭禰明其宗也 云

適子本也庶子支也○生曰父死曰考入廟稱禰

適士立二廟祭禰及祖今兄弟二人一適一庶而俱爲適士其適子之爲適士者固祭祖及禰矣其庶子雖適士止得立禰廟不得立祖廟者明其宗有所在也

庶子不得禰廟雖貴止得供其牲物而宗子主其礼也

此庶子非適士或未仕故不得立廟以祭禰也

磻谷号序

余友裵氏源燦故孝子 贈左尹公之孫都正公定村諱榮綉之子仁且孝非今之所謂仁孝者早登朴晩醒門樂聞敬義之說而行修業精人不甚知嘗自號樵隱扁于所居之軒余一日與客過候客問主人曰子固逸未嘗樵号以樵隱不其誣乎主人曰吾姑寓意客笑曰寓意不如留意留意不如實踐古賢人君子之号直以實制義何嘗寓其間曠之義哉故楊氏誠之号誠齋蔡氏講業西山号西山敢改以磻谷可乎主人愴然曰曷謂曰磻谷子之父祖及妣夫人所藏之所也前後廬墓六年于茲日月省展老而益勤与磻之鳥獸相親木石知愛此子始終實踐之地也較以名實不亦可乎主人矍然曰我旣不肖豈又可以先兆所在山標榜哉客休矣過我甚昔吾朱夫子韋齋先生子也終身佩韋効慕其先目見心思顧名思義朱子且行之況欲學朱子者乎今子扁号于軒庶夙夜而寓目居尋常

而省躬言玆在磻念玆在先思其未盡之孝致其如在之誠顧於子過乎
於是主人俛首默然良久曰吾志也余莫忝實之徒謹次主客問答說爲之
序　歲丙子冬芳山姜時中書于柳幕雪朝

芳山子自序　丙子黃華節醉中漫筆

余友玩山金祉沃性愚嘗號余曰石潭余曰曷謂曰子之志堅如石子之志(心)
澄如潭号不宜石潭乎余曰是勸我效也遂肆然居之不知者以謂
石潭中間歲月忽忽三十年而余之所行多是叛經悖道隨風逐浪尚未
有所歸宿又性嗜酒淫文涵溺滋甚爲時所棄噫向所謂澄心堅志者顧
今安在妄也召負金友之勸久矣辱石潭之義深矣愧赧不敢居余世家碧
芳山下山祖智異而鎭關防扶輿磅礴其神最靈出雲釀水畜群物余生
於長於斯老於斯利用厚生圓於山起居飲食接於山鍾育歸藏一於山不知我
其山歟山其我歟山雖微我我不忍貳於山因更号爲芳山子云爾

斯止

與族侄具書

清風明月又屆秋夕佳節此時懷人之想自倍乎昔況宗族源源之誼乎每仰高風不禁神遑謹惟辰下體候茂納嘉迪名宅僉宗色色句吉實切願聞族從侍候粗遣諸稚無警以是爲幸而所謂吾宗契出資入金幾至完納而未納者不過幾人也此亦現在董督中也則爲其參考故詳言之也且貴中資金曾爲既完而宗契座目尚未登錄甚悶此非心不勤實由未詳其係別及冠童之故也意謂譜冊足以考之矣抑又思之修譜之後以童爲冠者及出生死亡恐亦不無且登記凡例雖一家族冠則父子孫名具別記童則於父祖之下列記一以重契員之名二以明係體之別也幸須依左開記例詳細記入以送毋至誤謬後悔之地是望

與鄭左永書

謹省禮言恭惟我竹逸先生遺集蒐正脫稿實係吾黨之大事而際此不辰同聲

道 1

者甚鮮而祗以本家單弱之力撐空做去轉目來頭杳然若乘舟渡海望無際涯而回顧人心世態徒增無益之歎而已何足哉如磨鐵杵不許歲月必見針後已也殊力圖之可也時中固是棄於時而在家亦消漢耳以愚思之渡馬之事若過遲則或恐有萬一之憂故以来月三日必發程爲定矣則以此達于尊伯氏丈使無相違如何

答朴斯文仁㝢書 時君㝢在朴淵菴已善宅口馬山府玩月洞二一番地

謹伏以省禮言吁可愧也此書義宜所先而吾子先之此足使懦夫敬畏況審起居平康何等仰慰久旅絶漧得無桂玉之憂而選暇佔畢時無間斷耶雖叢務旁午課以繼之久當有益淵翁北轅間以返駕而伯姊氏侍之患節近復如何且永述君之子夏憂令人憫然奈何立菴居士尚此不家耶並切願聞時中姑支一縷而時雨時暘稻黍長遮老圃蔬肥野夫滋味此可爲足但五柳先生性嗜之物聖賢之間不能常得口業良苦大聲讀酒

德頌一部始知伯倫為真男子好英雄愧吾讀書之人腹中幾斗文字曷嘗有他換一盃酒来耶好博一餐祭誥非造次可既不備謹謝疏禮

伴鷗堂記 (堂當作亭)

余友金容沅字仲洛岐城人也(岐城今巨濟也)其俗淳厚近古士多通經能詩而篤於孝弟農夫務本力作而安於畎畒好德而急難蓋有藍田遺風仲洛駕洛氏也故貳相管之胄士人賢斗之子而有志之士也非今之有志者性嗜酒稍工詩意豁如也知命之年結茅於鷲山下柳溪上扁之曰伴鷗亭詩以識之遠近士友之和詩者至二百餘篇聲聞甚大以書命余記之余不免乎笑曰亭可以(為)也鷗可伴也懿公之鶴明皇之鸚鵡皆喪於玩物喪志而適足以喪邦物不可不慎且仲洛自少好義而果敢以為之人之業可立致也奮然直前不辟險夷而能順乎親而友于昆弟於賓友之交義無不為而知其有難急於為己以故多致良朋高士如三山姜德璪操守高古為棄

於時客岐城仲洛遇之甚厚病邀于家衣食之藥餌之以至復常故
姜永周嶺北聞人流落南荒捿身無所仲洛館而禮之病身而卧起
竟至不救與岐城諸君子棺而葬而碣之喪二期而會哭又與諸君子
鳩若干金爲五十年薦諱之備記所謂賓客來無所館夫子曰生於
我乎館死於我乎殯者是也仲洛所行類皆如此其爲人也壯勇慷慨
非若區區默小丈夫者今乃欲與啁噍微物爲伍而放浪江湖漫身而亂
倫者何也觧之者曰凡人之受於天者順之則皆可爲樂物之得於氣者遂
之則未當無理易之鳴鶴詩之關雎亦一飛禽古人以比聖德賢士者取其
所取也故美惡在彼勸懲在此鷗鷺小鳥亦可取者有焉棲息有常者知
止也色而不馴者遠害也清閒自得者安分也涅而不緇者不辱其身也仲洛
際生不辰拂性勞形而爲役於時者非其志也甯託彼忘機之鳥玩物而理
反諸躬怡神而存吾天肆意於物表而盪滌塵累忘情於太上而不作寃業

悠然自適而浩然同歸是其引物比興而體之之驗也又日與二三同志舉酒於亭上覽山水之美而極耳目之娛道物我之際而察性情之正所以自樂所志而不知老之將至也曰有是哉乃爲之記

答金容沅書

謹伏以省禮聊楹夏辱書令此奉報此漢之爲人可想也以老兄之寬厚每有之而加愛者是爐鞴底再造之盛意然如彫朽木反累其工深愧深愧所謂記文重違勤囑強顔構呈覽而斤正則幸也且續詠迫於年久敢此露拙然唐白傳喪中賦詩右禮者譏之如時中者何足有無於禮數之間哉但懼其見笑於大方諸君子覆瓿之酒甕乱勿掛他睹如何退陶夫子文集中言行錄三冊信付于魯山家則當送人携來奉留後繙究矣惠存是望更伏惟體度珍重潆仰姑閣不具疏禮

與李玄山玄圭書

戊寅三月十七日裵源燦姜時中等齋沐再拜謹奉書于玄山先生文
座執事鄙等夙慕執事之文實而道方景而仰之如星斗于天者久矣
無緣蟠(虹)橋忽忽歲月迫人窮齡私竊自歎以爲將不得見大君子盛德
光輝終鄙賤之歸老斃荒陬忽又自奮曰吾嘗讀其人之文而悅而慕之
聞其人之道(而)信而服之信而服之慕(脫)而慕之於我自有餘師而與同宿契矣
雖一日九回曾有加於此耶然今吾師其人之文與道而自謂無面其所
欲言敢隱於左右者非義也告之而不盡情者亦非義也竊惟鄙等之
亡師竹逸鄭公窮遯岩也不得大人先生爲師淵源六經而私淑諸人
也懼其事行之或泯欲記成人之大畧世之先(曉)名而後實者有疑暗投
明珠悲夫鄙等若誣師而求言竹翁之目必不明於地下矣聞古之君子
深知其責之有在故犯顔排議善善而惡惡去華而取實滌垢爬
疵以歸于正雖人之一言一行有幾乎道者猶恐其不聞於時而傳於

後也孜孜屹屹筆不得乾彼意必如是而後庶可以扶植人文而塞吾責也嗚呼亾師若干遺集在今將繡梓不以介人而謹進行錄敢辱之以序惟執事幸恕而圖之伏惟吾執事好道而能文竊謂執事之道非執事之道周孔程朱之道也執事之文非執事之文詩書禮樂之文也乃其記事論道辨天人之際道幽明之故貴王而賤霸尊華而攘夷黜僞文而正風紀誅逆豎而揚隱德於閭巷之謠草芥之言蒐摭繹櫛以左右斯文者信老泉所謂執事事也執事責也惟執事圖之鄙等賤軀適病未能躬造門墻先以一書啓聞名於將命以爲進見之路病間直當負集往謁語絫僭妄黷冒尊威無任恐恐伏惟下在

答裵源燦書

憲仰中拜承辱書何等感倒況文序跋文字旣得修了吾黨之慶斯文之幸果何如哉老兄自春躋夏西北驅馳喫苦無限而完此大事者此其衛道

尊賢之誠有以致之也義所往候而不肖 春夏之間呻吟過了而脱落形容羞
與對人此即老兄槪亦料之矣稍俟凉生身可之日而一造門墻奉審文字討
也此日小雨伏審尊體起居履時晏重此是老人勝事慰仰曷已多少留
不備疏禮 戊寅五月十二日

答族弟聖中書

戊寅五月二十七日罪時中敢省禮頓首奉書于梨山賢弟哀座前吁
古人云我之壞矣自貽伊戚信然乎時中自宗社屋後檢身不謹叛經者
數十年所得不過滿頭白髮所負終是俯仰愧怍今已衰且病雖悔其
可追竊意萬一敢欲贖前愆曷嘗有自孼之其可追乎哉自度其為人
所賤與知舊朋儔日疎闊而人亦不以舊與我自是凡所接於耳目者以
無可樂也自分永棄而姑須自斃矣不謂賢弟不以悖棄曾枉顧于絶
邃之地此是古人所難於我實天賜際遇適以不家有失拜迎私竊自歎

以為不得見君子數也雖然賢者既重族而顧我應不以悖棄而悲我
也早晩往謁而講尚有日也以此自慰矣嗚呼命不肖命薄罪重前年家兄
見背往年老母下世家庭去益零替各自衣食於奔走家兄叔侄棲
息東西此破巢之卵也見之實所不堪而遣日如年矣去年春石泉叔
主尚帶麻而問孤於寂寞之濱又復賢家慰之以狀而辱之以札此庸
止族誼之厚耶不意此悖棄為賢者所與不識能不為賢者之累耶時
中固是狙放甘棄之徒兼以束縛於禍沽曠於禮竟闕修答而遽承大夫人
不淑之訃痛何言痛何言于時之意躬造門墻省居憂之節而解懸仰之渴矣
受葛以來實無事故而因循未果一書之問亦及于練祥在迫之日嗟乎時中所
謂恥過作非者也如此而存息生何喜死何悲只自忝厥所生不如死之久矣伏惟
賢家如時中也既得之於心不以備禮責之如何比日雨洽耒耜四出不審哀體
何若朝夕之間脫有時玩曠否士夫之處亂世居危邦者獨恨時尤人敢是未穩

必須尊所聞行所知盡在我之性而安天之命自是君子大居敬也元清之間亦未嘗無君子焉豈彼善於此耶惟忠信篤敬無入而不自得也賢弟向來聲聞漸益遠大此不是小責而異日左右斯文者又安知不在賢弟也惟賢弟勉之愛慕之深不覺妄發一笑之何害元塘冬初二祖主想(相)繼以逝俱是意外而克明祖主孝行欽慕者亦久矣且晉陽山水東南秀麗而曾吾列祖精彩衣被之邱未嘗一日不徃来于心也季秋以後此六尺之軀任我所由第待明春拋却此苦業抖擻入先鄉吊已死之親講在世之族而探勝於矗石月牙之間是所計也而其先軀者必吾石翁叔氏而轉候煩白否不備疏儀惟希哀照

與裵源燦書

時中謹伏以省禮去二十七(三)日歸自玩月賤軀疼痛數日叫苦今雖得稍可尚不可謂之五分人也悶悶恭惟我竹逸先生遺書校正實賴淵兄之高明

吾兄右者

多士之勤意旣至斷筆斯文之幸果何如哉但就中最所難者惟先
生言錄是已而此錄編次亦固非正人端士切不可也而顧瞻東南實難
其人矣淵翁乃猛省曰裵丈礎谷此其人也歸則要而謁之云云而於鄙
意無出故敢此仰聒幸勿固辭信筆錄之竹翁當日言行之一句一節
無遺於後世此吾黨之責也惟兄圖之餘體安胤君患漸果快復否仰
切願聞待得打麥抻秧之日能一顧否乎不備疏禮 戊寅五月

上叔族兄善氏書

謹伏以省禮上冬下書尚今服誦儼然若侍坐於一堂中之上矣慰荷曷
極但病纏殘骸拋却筆硯稽復至此良覺罪深更伏惟叔主外內分
氣體衛向康旺單節均吉遠慕遠慕 罪侄頑縷不死七月初三始受變
葛哀慕之情去益罔極更何奉聞此處農況旱甚爲災而歲不得熟惟
幸田作稍登不識全北方面得其稔熟乎否願聞基中處日寄書去也則

想入覽矣叔主有時見之諭之以承先裕後之道使自得於其心則是幸也

昌鎬家平善否姑留不備謹疏上 八月十九日

與朴淵菴書

時中伏以省禮敢奉書于淵庵文丈軒屛之前時中老炎益肆甚不宜人伏惟燕養體候對序清穆覃節貞吉否瞻慕罙切時中月前來家身軀疼痛殆五七日叫苦今雖得小可尚未可謂之五分強人也自悶竊惟吾竹逸先生遺書讐正是吾黨之莫艱大役而刋滌疵纇類集完本非獨多士之慶實攸斯文之幸況時中於聞孤陋於禮亦沽曠只楬然一殼物而幸蒙不棄間得提警所益不小索居不久鄙独一如令人愧殺何時詠一把茅於鶴山之下水石佳處得從下風也雖然長者之一動一靜片言隻字無非教也時賜德音有以覘發庶贖前愆則為惠不其深乎此非例言或可在念乎否竹逸遺序跋謁

文恐無出訥忱二翁右者儒生一貟早晩間起送其開路之方幸須引進專恃耳德峯書堂記墓誌銘小完續當草呈應弼大兄〻仁晩福如昨孫輩所慎間果快差否幸照之焉多小惟冀爲道葆重不備疏禮伏惟崇在

祭桂南金公鎭杓文

維歲次己卯二月丁巳朔二十一日丁丑 鄕儒生某〻等 敢將荒詞菲奠謹祭告于故桂南處士金海金公之靈竊聞韓文公祭田橫墓曰非今世之所稀孰使余歔欷而不可禁 某等 感今世之所稀悲不禁而陳辭庶英靈之澄〻儼彷彿而臨聆嗚呼竪惟我公三韓舊世駕洛洪緒犀巖繼體挺生遯服海嶽是睽式非偶然厥須乃以縕氣容春風精神秋水敬慎威儀安詳步履律己與人小學是事日月工夫要在行己好賢樂善由仁行義惡盈虛受小心遜志學本孝弟力致維禮踐履篤實餘事文藝易直子諒在躬不疑人已無間機械不施守道山樊灑落胷襟望重山斗矜式儒林

一時名勝樂與翺翔躕然自立儀表一方嗚呼公乎孝思天植克趾先美肎堂遺墟列祖如位繩家有法宗族雍睦里無悖勃磔鄕近古俗聞訃食素恤貧弔孤風聲所曁用寬薄夫懿德馨香見者心醉頑愚悖慢望門覦泚憫時憂道門閑淳陽尋常文字書必春王畢生林下自靖藏修求之古人鮮有其儔嗚呼哀哉歲非龍蛇公何獨嗟天不憖遺老耆德其蹉星晦少微龍沉釼鋩月隊江空蘭摧草荒顧瞻東南幾何眞與高冠大帶不可復見四海橫流長夜斉蒼嗟我惛蒙從此安放白日臨壙忍將埋玉哀哉造化曷心亭毒以文告哀爇檀祼鬯伏惟明靈格思尙鄕

答金容沅書

己卯正月二十四日

瞻注方切際承玉音感荷可旣仍審體度珍重寶單均休何等仰慰聞去年貴算小功是所貰慮時中自知固累不敢遠人而索居荒野寂莫無徒但與病相伴而間以數卷殘書爲遣這箇些少佑畢洎不足以補虧而袪瘼古人所謂

立身一敗萬事皆違者其信然乎曾聞先進常曰欲尋聖學門路當先從陶山入真知先後之言也今小子雖復奉讀數回心口不相應小無所得歎何如之言行錄當早速還完而苦無信椽竊意梢俟日鮮身持造門因敍久阻之懷(懷)又欲得讀鷗堂感作以賞足下之高風諸君子之古操也而致此遲稽固知自犯范公之銘訓敢望恕罪多小姑留不備謹謝狀上

與朴淵庵正善而正書

冬寒失調頗不宜人伏惟燕養起居候履時百福子文想角(頭)漸長森然在目時中狂悖之步行六十有四囘是不死之賊神明竊怒賜以痞瞞揆諸作孽尚猶晚也但所恨者惟吾亡師竹翁遺集尚在巾衍中而又况其平日所言所行平實懇惻無時(非)救時齊俗之道而可以為樞機於來後者也曾與友門諸子切欲收錄言行而因循未果此一事死生負罪矣嘗竊聞古之君子樂善憎惡誅(誅)

姦竪於旣骨之後揚隱德於久廢之中況同時之事乎伏惟吾淵庵大人顧以太陽之明倂收鍊丹之爝使吾竹翁懿德幸得不泯不肖庶免惡鬼煩不敢多囑且不肖晩交權瑠容洪鍵植文姜聖中李玄圭此皆博文强記而忠貞端雅之士也竊欲因緣數君子庶幾以贖前愆不幸權洪相繼以亡聖中中年夭折惟李君與大人在可以聞道薰炙而不肖緣淺數窮未得爲劉安之鷄犬惜哉此生休矣胡言亂草冒塵崇聽只增恐惶之至

與尹一川驥涉書

時中謹奉書于一川居士仁兄文机不肖生長窮澨資質甚下無師友之相長成習性之相遠仍寡陋而槁燥歸索性之癡漢況又中間門外走作若干多年矣晩來悔前之爲收拾殘書竊欲爲補過之地矣天厭不善賜以痞瞞故知鋰所圖然而乃欲强之診于各家如漁子之訪桃源只苦問津支離半生少無見効

適以問證次乃至郡下偶得讀仁兄閒山詩又得拜於金君坵沃席上見其盛德容貌信知爲君子人也而切有託交之心而直飄然而去灑然若一陳春風撲面而過不肖夜來病轉作因歸家自是之㱡證日增而雖伏枕度了向慕之懷未嘗一日不往來于心而因自言曰此亦自有好德君子我今病且死矣未得爲麗澤講結之恨深今又忽聞仁兄亦深於黃岐之學中心悅之宛然若一端陽線帶春來向也恨其晩見今也恨其晩聞敢以犬馬之命遠辱高明之門伏惟仁兄幸恕其僭妄而賜之以知舊之好濟之以更絶之命於君子愛人之道何如哉迷辭胡草仰累尊聽不勝惶恐之至

巳十一月二十三日

與裵磻谷書

酷矣嚴霜大凍不宜人老縱之九州太被那無些小日暖固可歎也亦可笑也伏惟峭寒體候康健否區區瞻慕日夕如結第歲暮綢繆無非苦業矣足奉聞竊惟竹翁文稿必公於世然後吾輩庶得免罪矣簡鄭君者再而

望音尚寂未知有何勝算然但如此抹過却不知如何了殺也看〻歲迫且晚堂老兄當謂之如何也耶吾道之事槪如此使人咄〻三益三笑次韻重違盛教露拙構呈句語大荒何敢齒於諸君子之末幸覽而扯之可也餘姑不備候禮

與本鄉儒林諸氏書 乙亥十一月十七日

水落天空瞻仰倍切伏惟起居昌安勝不禁慕仰 寡等 劣狀不足奉聞竊伏以竹逸鄭先生偉文邃學潛光隱德可以爲矜式當時而訓詔來後者遠近亦嘗聞服矣不必枚陳其所不幸者際此亥世今又先生老且病嵩齒勝歎哉乃於杖屨之鄕宜有瞻依之所尊衛之擧而以永風敎此乃多士之責尚遂逡未遑者實爲吾黨之一大欠節也曾自儒林中設契景慕之論雖聞多有之此亦未有所商確者也今纔爾發文恐失鄭重故於本月二十五日與同志諸益彥齊會發論之意茲敢仰告必須惠臨于猪山書室

以究其事則斯文之幸也餘漏萬不備統希照亮

景竹契設立發起文 乙亥十月二十五日

文明則民興道尊則俗厚文與道之其有關於盛衰興廢之運大矣然道不自尊因人而尊文不自明得人而明是以在昔淳古之時若有有道能文之士出於其邦生焉而師事之講述斯文歿焉而祭祀之想像其道其為此者曷嘗尊衛而止而已哉將欲永世教而樹民風也竊伏惟本鄉竹逸鄭先生瀰鎔文忠公圃隱夫子之後先生生於詩禮之家長於理學之鄉讀書自知為己之學而傍涉諸子貫穿六經留心性理造詣超然潛究默然顯不得不措積累而擇精反博而就約又嘗與崔萬坡必鶴趙霞峯鎬來諸晦山慶根崔西扉宇淳諸賢為道義之交講磨浸灌涵濡翺翔會文輔仁遠近鄉音應嶠右文風駿駿然有聲矣凡著述詩文祖經史而則風雅無非羽翼吾道贊讓斯文也而其躬行實踐之效可以於式

當時教人自任之誠亦足振起來學惜乎諸賢次第零落今又先生老且病焉可勝歎哉前十年來鄉之諸章甫以為景慕竹逸莫若乎契儒林輿論已成而契曾未立者猶幸先生之老強際此病革鄙等乃敢設契式遵前論名以景竹夫人景慕於心發見於言發見於言施及於事意使地方慕其衛道之忱永其傳授之業於鄉黨州閭興民厚俗之義庶有補焉伏願僉君子好德奬善秉彝攸同許錄華啣共修契事使文與道因得尊且明幸甚萬千

與鄭左丞書 乙亥十一月二十七日

今年冬候暖亦初見寒亦初見天之示人以嚴柔不同者如此深所瞿然伏惟數天來春堂患節間有差度否伏切願聞而夙夜嘗湯之餘不遐有損貢慮不鮮并亦慈候恒欠調度悶煎悶煎竊惟我景竹契事幸因儒林之奮發同聲竣論設立斯文之幸果何如哉然而歸家思

惟發起文字中事實未備文句欠審處或有之矣帛本茂學會席當日聞之以歧貳之論兼之以寒感之痛意思不屬故所以構之者如此不擧所圖今致定數個所別幅仰呈深加考閱脫有太不襯合處隨失竄改然後使之書于案首至可至可且此文字無非實際語雖是荒拙不可輕議而筆削也諒之如何吁于今之世老儒長德皆無有也知先生者宜其鮮矣更何言更何言

儒林僉狀

乙亥十二月八日 廻文 (土月二十九日竹翁歿)

歲輪疾驅寒威峭冽伏惟僉候動止屢復時晏重無任瞻仰鄙等劣狀不足聞也伏以日月居諸曾不小留竹翁襄禮奉行已定于今月十五日也則此乃報葬之例也嗚呼安仰之慟衆所維同況惟我儒名儒者行豈徒比方而已哉當盛開儒會廣詢合宜應文之論而擧行葬儀是吾林之責斯文之幸故茲玆敢廻告恭惟僉尊前期二日(十三日也)幸須賁臨于猪山書室俾竣大事之地是

仰是仰餘留不備統希照亮

祭竹翁鄭公文

維歲次乙亥十二月丙子朔十五日庚寅本鄉儒林金炳愚等謹以菲詞菲奠敢祭告于竹逸處士迎日鄭公之靈曰嗚呼昔歐陽文忠公曰士生五代者不幸也今天下大亂兵革交結連年不鮮異端邪說縱橫四極相率淪没充塞仁義吾道間關殆乎一髮幸惟我公挺生南服志存北學種學積文學仁由義潛究默會不得不措服誦堯舜寤寐程朱蒐羅六籍洞觀千古奮然自立操守益堅衛道之誠至死彌篤教人之勤畢生自任於式儒林羽翼斯文人知尊道為功不少嗚呼公乎生丁叔季不幸平生衣冠甚古見者之笑酷排異說譁攻者衆坐閱蒼桑憤淚血滂自掛瀨瓢恥食周粟愛釀陶菊悽對連月獨抱經綸蹈凛林樊起居飲食滿壁圖書衍述經義頻示己志命與時違乃窮至此嗚呼慟哉人之有望天胡不弔非龍蛇之在歲

何賢人之獨嗟標表頹折奎璧閟光儒林偃其旗鼓斯文喪其衣鉢溫良氣度寧復見之忠信言論寧復聽之白衣臨壙日下大荒以文泄哀莫狀彷彿侑我清綿藝我焦檀不昧者靈庶幾降斯其尚饗

與鄭吉鎔書 儒林僉狀丙子二月十二日朝會中

昨冬奉晤森然作隔歲顏範自不禁江北暮雲之懷際茲一雨破凍春腳渡洛伏惟燕超起居履時晏勝溸仰不任憧憧晉等劣狀不足以聞而伏想慕賢衛道秉彝攸同豈有古今之異遠近之間哉竊惟本鄉故鄭竹逸公杖屨之地宜有後生瞻依之所而鄙鄉薄在窮海素以蔑識疎禮不能如儀俱式而只此構得數椽瓦屋名以竹逸亭雖無煥輪之可觀意切欞頌之久傳敢因宿約之重而欲煩艱大之役茲送儒生一員仰陳不誠之悃幸須引進于權丈松巒門下謁請上梁文一度此乃與人爲善之一端而非徒多士之慶幸實爲斯文之有光也另垂察焉勿孤衆望不備統希照亮 此當在四月五日鄭泰永書以前

一

股一字肢

竹翁之先系尊其悉之不必煩筆而移居固城淵源如左畧各錄 省畧不抄

與鄭左丞書 丙子四月五日

謹伏以省禮越自順變歲月不居忽然雨露變而時物暢伏想孺慕罔極更
伏惟氣力若何尊伯氏暮年持喪號踊制恐犯滅性貢慮並切弟玆候恒
欠調度且室憂支離三朔刀圭令人煎熬弟亦不病而病雖知自然之理頗
覺良苦頃自猪山來果得眞病意以寒感之老以所致例以治之慢不退聽三
五日後加之以煩懣間之以寒熱頭玄〻而身汗肉戰〻而股栗明知是熱痁證
夏日苦長呻吟不絶家人以爲嚴殺太過可笑絶酒殆近三十日而昨始開胷
小飮多喘悶人悶人惟吾竹逸先生家狀之役今始抖擻精神把管臨楮曾所
見聞者非不稔熟黯然若異代事也下上思惟意蓋茫〻而但滂淚縱橫而
已耳嗟乎所謂獨抱遺文泣暮暉者此也若一毛不似恐或貽累盛德遺
辱九原故玆敢仰告先生年譜此便付送是望是望竹逸亭營建之役間

果告訖否願聞餘留不備疏禮

與東休金貞一書　丙六月二十日

甚矣庸夏變泥下土不得其乾野作不遐有損否此洪範所謂一極備之徵是念即問茲際侍棣史佳迪注念宷切　拙狀不足道也而慈候恒欠調度是庸憂煎難狀所送之物此非時之品亦匪意之貺感則感矣愧有甚於感也且兒曹齒尚太幼所謂讀句習字殆爲昧沒挽而留之者庶朝夕馴致意使有以知其向方也今君特立嚴章命以必來往愚不知其所以可也家庭章命則治平之權輿不可視以尋常然至其稱情量力有時操縱斟酌恐或可也惟君明日爲始弛其繩解其命以便宜許我則幸也更思之焉近能一顧否望已久矣姑留不具

與金玩汕書　丙六月二十七日

良苦霖雨之支離也与夏終始甚不宜人亦不利穀此非箕疇所謂咎徵者

歟是所瞿然伏惟體候神相晏重寶卑貞吉否仰切願聞兼慈候恒穴
調度悶煎悶煎微軀於閏春不幸爲癘疫所染而以身度疾自謂必死不
服藥餌亦不祈禳惟日俟闔符矣乃至五七旬之日神氣忽然清新身亦如
之廓然復常而起居飮食未嘗若病疫者矣家人皆曰怪事越添恐懼
余曰無懼也信知共工之子以爲木石頑漢不可齒於人類乃舍之而去也云吾
玩翁君子聞之不覺失笑病餘潛伏野屋寂寞青草滿庭形影相吊回
憶玩翁老窮與我無異蛩蚷之苦無日不往來于心而蹶然思之氣欲
自狂更以志帥之則理固存焉竊想古隱者有尙志而隱有懷世而隱有
畏禍而隱有畏名而隱彼皆有意乎隱者也恐非眞隱也惟兄我二人之隱也
曾非尙志懷世畏禍畏名而不隱而隱此乃天相自然之隱也又嘗觀古人之
隱入山惟恐不深入林惟恐不密其面目早登盡廚姓名先載公籍而軺車相
望奔走道路嗟乎惟吾二人也行乎千里之郊而無知面目立乎萬人之市而不

識姓名是隱也真得隱體天下之隱若(莫)我二人若也雖然人之譏愚自有存焉
亦不敢自是也窮辱命也安之爲順故敢將隱之一字畧道素定之天而聊以
自慰得無累於高明否小罪焉又以潛夫詩一章强顔供覽幸勿吝斤正和
以瓊琚是仰姑留不備惟希印亮　潛夫詩錄在別冊

與鄭撰和書　乙亥十二月二十九日襄禮前七日

謹以省式服履無損否區區慰仰査契慈候衍愆節身亦苦吟自悶自悶嗚
呼竹逸先生葬儀在迫安傲之痛(慟)時復倍切(刀七)竊惟孟子曰惟送死可以當大事
此在孝子至於儒葬豈可以二三子之愚見敢獻(犬)議於左右哉必待儒林長德咸
集(須)會集然後當博採輿情合禮之論擬定威儀事極穩當故儒林文字會集
昨暮修送已畢而爲其參考件似一楮此意直達于主家猪山洞故會集文字敢
此省之此亦當雷照焉多少姑留不能具式　此當在儒林僉狀之下
曾聞姜母金夫人金海氏也幼事父母孝嫁事舅姑孝奉君子無違敎子

得一作有

義友兄弟和宗族使婢僕恩以禮自遂賢哉夫人求古之賢夫人不多得享年九十有一歲由仁得壽子孫衆多種德遺後於人事畢得其終記曰小人死曰死君子死曰終嗚呼休哉夫人之死可謂終也　右母夫人誄

與金玩汕書

謹伏以省禮久燥冬雨亦好伏惟燕養體度一向珍重玩頤之樂日臻竆格否嘗竊聞老師之言名浮於實者古人不居石潭之號兄實勸我其義於我僭也因改爲芳山自序以程惟兄忘勞寬改以成完篇又更著芳山原韻一首惠之昔唐白傅喪中賦詩右禮者譏之弟固不敢守制但會意不得故如是煩囑俯諒必施是仰姑留不備疏禮

汝溪記

溪之大源出碧芳山下小源出竹田谷海隱寺下皆岩巖穴出湊其大源由林中石間或潛或出乍細乍大而東南逶迤來四五里至柿木亭下与小源合

水至此稍大皆巨石爲底又石之往往當溪而立者或尺或尋水激石而流
者爲瀑其順流而逝者平布如練奇巖怪石離列兩岸其立者如老釋
長揖蹲者如牛羊下飮又有小蛙數百羅浮水上大如茶葉而赤色通身
時一亂鳴洞壑益覺幽寂水自亭下折而西行丹崖翠壁左右側立碧蘚
老木蔭翳上下水自石上來二里落下水蓄潭潭廣可數丈長能一畝而
卵色巖石屛立西向水之自上来者觸屛應響而輪回徐淪靜一幅鏡面澄
碧澄澈天影嵐色下上玲瓏有魚小者勝指大者五六寸銀色可鮮而忘其
名潭之南釼戟危峯削立千丈有曺氏淳古者六七家耕鑿潭上所謂沙溪
村是也踰潭又折而北流三四里至祭祀谷下溪始小平南北開野谷是古人禱
山之址故名之谷有方石如床而可坐數十人者甚衆皆小石支焉底皆以空好事
者以棒撞之聲如洪鍾餘韻淸越而徐歇又有如石室者二焉又有如碁局者一
焉又有如甑釜者焉至今樵牧聚而作進火炊黍之戲俗稱所遊谷信誕也又合

祭杞谷細流小北而西南虹轉八九里入于海溪之北有村曰蜈山皆呂姜世族而農户也溪甚淺蛟龍不居黿鼉不蓄金銀丹砂珠貝之類亦不直焉[然]而溪上下泆流多利於灌漑水味香洌飲食貞吉飲者小病多數[壽]居人不事鑿井於春夏之交雨降水漲流溪雄山谷皆鳴又如千兵萬馬奔騰之勢而海爲之增波噴沙益土土皆沙質故田野沃作物豊古之名溪者曰沙溪沙溪益於世大矣余故標以記之以爲後來訪是溪者之案丙子十月二十一日漫筆

與裵磻谷書 丙子十二月九日

罪中猥以省禮謹陳迷見于磻谷座下竊惟嚮者面敎文字重違尊嚴强以留之然三五案閱累日思惟筆固不敢下夫文者貫道之器也道有小大器有淺深而用之各有所當故後之人不敢輕以改之者慮其器之所載者或不相稱而道之所傳者不遜有害故也今若使依敎做去是人經三手而文擩四筆也寧復見厥初本然之真源乎此文正所謂恐失其翁之天者也歟古人有曰欲巧反拙欲密

反疏竊恐披沙之間零金或漏擇木之下白羽易落所謂三五案閱累日惟思
筆固不敢下者是也況其文初似疎漏深味語意自有老實含蓄底氣
象以愚見之曾不若原本文存之之爲愈也惟願更加玩索也且又老兄之敎
誠傾倒心肝之言而尊府之事亦無異吾親之役也雖此事負土義不敢
辭也況文字乎然而爲之若是區區者豈有他哉是亦無過乎傾倒心肝
之言也伏乞順氣聽之平心思之語多干冒皇恐皇恐惟冀道安體泰不
備疎禮

丁寧反覆思之若見不得十分至當之歸而孝子述事之道果有
未盡未備之處而於心終未免爲猶有所憾更以本文見惠竊欲
圖千慮一得之計耳或不辭一枉則幸矣又未知尊意之以爲如何
覽後丙之

與朴淵庵正善書　丁丑四月二十一日朝

聞當作塵

罪中謹再拜奉書于淵庵文丈座下猥以樗散不諒過分大君子盛德光容慕望而愛悅之者久矣萬万不自意實以天借其便幸得侍御一宿不以非流見斥特賜之顏色而接以言辭欲使刮垢求覩本相道其不及要至于中国知仁人含容煦嫗之度無物不包也而實賤生所不圖之際遇此豈素望於長者之門者哉不棄之恩存沒不忘矣窃稿惟吾竹逸鄭先生遺集校閱宿約珍重當恭俟進退之命然而若或少遲則恐犯熱候故免不得忽忽奉聞幸殊恕察而可三五日選暇旋直回示則躬當晉謁伏計矣俯諒焉懷正勤矣鐵城一別已屬暮春伏惟燕養起居履時安重寶單均休否瞻慕深切帚之頑縷不死不足仰聞崇聽者而向經德峯書堂告落之後萎苶又甚長日不振皆由素無充養之致也奈何又定得一窮巷僻淨處而亦并見示之地伏企耳

丁六月今日

與權湖嵓巖台鎬書

伏以省禮時雨普洽挿秧不失所期打麥斬麻次第告畢農家所占將亦有秋如我饑夫之殘年喫着自是無慮謹詢潦熱靜養起居神相清謐卷中之樂碓隱之趣無減疇昔山亭主翁尚今廢烟耶嘗竊聞壽世金丹却老玉膏何莫非熟物獨食鮮茹草然後為仙耶翁之討固左矣左右恐不免不告實之責也先覺覺後覺往哲所貴兒是其先覺者何愛一覺字不覺不覺也吾謂湖巖獨於己而廉於人者也好笑竹翁文字讐言正之役兒力為多其衛道崇文之誠可造次以謝哉魚候山翁敢煩雷照

與金貞一書

向書得照否古人用三餘之工有以成其業者況乎君之地乎雖佔畢有志而無所間斷於家庭日用盖亦有切近之益焉聖賢之學豈有高遠難行之事哉治平天下未有不灑掃應中出來者也或問於東坡先生曰近日讀何書先生答云某所讀不可過乎家人日用常語先輩皆以為至言

際此農閒做工最好君其不作閒歲月則甚幸耳所請得其付送否翁之所欲爲誠如捕風其能入手耶可笑且可愧々少悼々不成式

與族弟基中書 丁丑七月二十一日

敢省式言知心而不知面在異代則可同時則未然況一家之族乎我聞賢弟之孝悌考其實与聞無異又聞賢弟之俊逸考其事与聞無異此可足知心者也而獨欠一面之雅者是我之過也湖嶺雖隔不在天上我愛其數日之程長作不面之親此其非年先者之罪歟愧深愧深賢弟之中年失敗實出意外此獨賢弟之不幸耶是吾宗之無祿也我聞而歎之又日歎之上年冬墓享之日聞五倫族叔則墨突已黔於完俯(府)云何等幸也何等幸也此獨賢弟之福耶吾以謂惟吾祖宗在上之靈默佑於冥々之中而懷其身而哺其口也言念及此曷勝感愴愚兄命薄罪重前年家兄見背去年老母下世今年七月始受變葛墍七衰年踽々焉皇々焉窮而無所歸也此何人斯況此宗國

喪難之餘同庄諸族奔走衣食散散殆盡尚家於先墓之下者在後之瓦礫當前之溝壑吁可歎也宗事繼述墓享祼薦是來子孫百世事顧瞻左右族力到竿頭而竭人情極垓心而危承先裕後岌乎垂絶誰畏其天我畏其禮何幸去壬申冬十月宗會時宗財養源之意僉議詢同創立宗契時中喜而不寐屈指將來不羨范公義庄宜直告實于賢弟未知賢弟之暮途蜂窠止於何處故汗漫至此能容之乎否設契槪畧別幅仰呈幸須覽悉而此意善白春堂保族尊祖在此權輿賢弟其勉之謹惟叔主外內分氣體一向康健侍餘棣史平吉覃節均善否並切願聞愚兄尚支頑縷諸族亦警但亢旱孔棘地方憂虞是爲悶然餘俟德音不備疏禮

與金玩汕址沃書

丁至旬二日　黃菊一代巾送付

吁兄之金玉其音于以至於年底此懷政孫時中自受葛以來纍纍皇皇竆無所歸而夜則孤燈爲友晝則啼烏爲客不知天壤之間此獨何物自笑春

囊

來種得數叢菊於籬下周七八月之間天小雨枝葉嘐嘐無量茁壯厭而復生重
陽已過只作珠蕾而欲吐不吐我以謂學記曰知困然後能自強其木欲南華
子曰美成在久將待久而欲美其花欲朝暮盤桓無一箇對翁笑者乃至
至十月之中花政盛開不是俗物粲然並嚴霜之傑偃然作高士之居唐人詩曰
聊與秋風戰一場秋琴詩曰菊爲十月嶺南花信知其南北異候也摘最先
者一掬密與老妻釀而飲之酒香而洌果遠於賢其聖乎吾今知陶徵士之
愛菊非獨以歲寒之操也古人曰菊之所貴者苗可以菜花可以藥釀可以枕
釀可以飲東人又作夕夕餅採乾一狀花以呈而惟兄過麥田泥醉者可作餅
啗之如何好笑伏惟體度康旺求嗣之人宜其治棲而又有夢熊之眹耶寔
切願聞再明弟之三子迎相之曰也難可遠屈故已之恕在焉

與裵磻谷書　答狀

丁丑十一月二十八日

辱枉手書下問孤寂爲賜甚大不是百朋不啻自虁舊以後悵悵然窮無

所歸而入秋來債虎四吼方寸壞亂与同風麻之抽雨也古之君子曷嘗憂此〻則小人之事也還可拍手昔五峯胡先生曰愚讀五帝書而後知聖人澤及斯民之遠也曾不得推苗裔立宗子建廟庭春秋四時饗天下之報也有天下爲政者恬不以爲慮中華無人悲之甚矣不肖每讀此書未嘗不起敬而深長思也又每觀朱夫子於延平李先生言行雖片文隻字一言一動恐或其傳之不實而重之如九鼎愼之如薄氷其丁寧深切之意未嘗不起敬而深長思也吾兄之言語文字生平事業何莫非尊賢像德而少而實踐老而彌篤我少也見兄不覺面赤今老也考其言語觀其文字推其事業亦未嘗不起敬而深長思也吁卽此足見賦形爲人雖下愚見蓋焉中心會動者未嘗必其會動而其理一之性不容不与心俱發也歟且又以竹逸先生言行編錄再三採詢於當日親受者是知吾兄深懼先生之默語動靜或失其眞而累致丁寧愼密之意如朱子之於延平然如時中之衆愚何敢窺先生

歸當依期

之門墻而書得其樞機之萬一乎哉竊惟述以高明之所見聞考諸諸子之所各自記錄則似得直筆豈可一毫於其間而返累先生之天耶想高明已料在矣此事曾与右永君言之其意甚切速圖之是望承審體度康旺允君美慎幸得復常何等仰慰再明惟我竹逸先生大歸之日也一掇万遂無知像伏義當匍匐往哭適因寒疾未遂寸誠幸致意於左右歸路或屈杖順穮否不備謝疏禮

與鄭明雨錫月下書 丁丑

謹伏以省禮我初至貫中淵庵朴子說足下津津湖嵓巖權公又繼之我心語曰鄭必端士然而姑疑足下矣見及足下聽其議論考其踐履又向於淵湖之說我又心語曰淵湖二子真知人者也復得見足下之從姪杞田共欣又其容貌德行端然有古人儀表矣然後始知進士公四學之遺風有易世而猶存者也我以竹翁之孱徒敢託遺集校讐遂貫中日月之間得交足下

叔侄及其良朋高士若個人較之六十年事業得失孰多此所以深切比屋
送老之願而於淵書畧之矣然而此其容易哉唐詩所謂家貧無易事
者此也歎羨歎羨伏惟經履動止茂膺純嘏箇中玩頤之樂做得暮年
工夫耶瀁仰切切弟之頑縷不死不足奉聞而畧其杞書者賴有足下矣
多少都留後敍中一塲不備疏禮惟希印亮

與權見童書 丁丑

時中謹伏以省禮言竊想天下之理義以行之無所難之事趣以寓之無不
樂之物也向於山亭同苦之日交手提壺飮之而益甘借鼎自炊食之而不惡者
何是合之以義而與之以趣者也政所謂吾輩此事可足異時故談而不愧古人友
道也實僉兒輕與之賜也感縷感縷謹惟選居益勝次郎備作日復日耶古今
窮措大做來苦業率多如此況喪族之無所歸者哉瀁仰區區曷勝悲憤時中
蒲柳之質每當暑善吟苦無勝況而夏日如年支離度了矧此寂莫荒野窮居

壺 正也

無徒者祇是朋友之懷與此剛腸一日九廻也江文通有云僕本恨人我少時以謂過矣今以居使然推之江言信不誣也第待鷄肥稻香之時擬欲一候侯我乎月影臺上如何仁龕永述俱未書之幸須及之否不備疏禮

與鄭右永書

伏以省禮泰兒傳達及磻谷親臨致命之事謹以承悉而就中本集對攷事行補整恐非一二日可完而且出版認可此非先急也今所最急者第一言行錄遺書序及跋墓碣銘彙語序若跋等小不下約八九篇謁文必具備然後方寫出遺書圖得認可此其次序也今據磻谷所傳則兄之所欲圖者敢是顛倒更加商量殊速謁文甚當甚當第近有緊故悤未能赴命小罪焉來月旬望間討与磻谷往聽指教矣焉溢物事禮數決不可薄也亦不可晚也千萬諒在諒在餘祝哀支不備疏禮

答朴淵庵書

時中敢塵大人君子淵庵文丈清鑑伏以省禮奉書之朝拜承辱施竊想犀照曾發而則愛我則先承審經履崇護衛荷蓋極但尊仁伯姉侍之患節聞甚驚駭不審有甚宿症否老人證候脫出不虞深所貢慮文稿堆前避欲入山云異乎我之所聞也曾聞古之君子深知之其責之有在故於善善惡惡抑邪存正之事孜孜焉屹屹焉筆不得軋而皓首窮年不敢辭焉者彼謂竭力盡心必如是而後庶可以塞吾責也今老兄將入山忘世者雖似辟名實欲辟責也異乎我之所聞也不識更諒在乎否磻谷日昨枉存而子夏益肆所依土地盡委於并耕悶然三嘉反沛後幸毋金玉德音餘祝衛道珍重不備謹謝疏禮

與金貞一書

老夫食年六十餘竊欲贖前愆問持身之要於某友曰必自讀書始又問何先曰古人題書目曰一編語論用不盡世間何必許多書定須會讀熟此書而於聖賢言動視聽處更加玩索深味暮年工夫庶有益乎果能如其友之言或免乎猩猩生而

柳又思之上有此編甚便於老眼考閱九字

憔。

死也敢生做工補過之心而走兒相告備旨論語上下編宜付送焉柳又思之此是苦業悔亦晚矣曷勝仰屋更問侍履平吉選暇做工能不失溫故否雖家務旁午存心於誠敬玩意於簡策自有日新之益矣記曰遊息之際必有居學子夏曰仕而優則學是居官而為學也況君初無外邊冗務又無身心勞悴安得不快活之底做業耶念〻在玆毋負所望胡草不具

與族弟基中書　答狀　契本推領證同送　丁丑十二月

賢弟十月之書生來最初心畫滿紙辭意婉轉欵曲無非自肝膈間出來而讀之其追養之誠敦族之義怳若藹然於一堂之上曾未所向還不足以為恨也契本及零排依到修正五倫族叔奉先之誠老而不衰今年墓祀有闕與裸者必知有甚家故矣仰慮不少且賢弟年力富強方立志篤行之時也竊以吾夫子所謂居處恭執事敬與人忠者為賢弟誦

之肅已應物之間日與斯三者而積以歲月必有所至矣允行之要存心勤
謹進進不已則久自得之何必對案長讀然後爲妙哉慕悅之深不覺僭言
至此恕納如何如何謹問寒峭侍餘棣體日增吉福旋兄頑縷尚支而此處
農作晩雨頻頻所收過望幸也毋爾金玉使之源源姑不備疏禮

與朴淵庵正善書 戊寅正月三日

戊寅立春前二日時中敢省禮謹奉書于淵菴文丈服次去八月八日與磻
谷兄相等于固城日已沉西未見御者之旋立悵然返節而固擬有甚事故
矣得承再度辱書然後始知尊座果遭季路不忍之喪痛割何可言有回
乃克襄事重陽之後更尋前約云又與磻老日望山川之有帶其精彩未也驟
驟然至于年底而珮聲終寂不識邵車自適剡棹徑返耶釀來懷抱與歲俱
新伏惟服體候以時保重季文善食讀字否夫夫在目二權兩鄭相與翱翔
德林日尋顏氏所樂而不知老之將至耶區區並切溸仰時中受萬以後疾

病相尋拖却殘書擁衾過活苦無善狀可聞而惟吾竹逸翁遺書未遑繡梓者非心不勤實由主家之所苟而然矣來秋斷然刊了而序跋文字春間期於受整是圖此是鄉人士商確之論也而都在尊座之左右也惠照萬千餘冀俯遵禮制衛道自珍不備疏禮

車氏孝烈民狀草 戊寅十二月日

誠惶恐清鑑伏以褒孝奬烈化民之本行政之先也故凡人之一善一行雖在千載之遠猶恐事之或泯而汲汲然揄揚者此固秉彝好德之性有不容自已者也況比隣居而朝暮而接親被其化者乎本里居故朴善柱妻車氏文節公雲巖先生之後二出女也生有天植之孝齠齔已知敬親之道稍長能無違父母之志年若干歸于朴善柱家甚貧舅偏居善柱病矣車氏性和溫貞淑平居無喜慍色而不以貧困憂患爲意勤執婦道綢繆生理夙夜不怠以致養備舅左右病夫家道日索而夫病漸沉重車氏乃有不其身晝樵夜績賃織傭耘竭其力之所可及盡其心之

所可致周旋有無多方醫治六年不見効及病革車氏禱辰求代五祀致誠
靡所不用其極竟至不救慎附〻之儀以葬之乃斂容溫言以慰偏舅之心數以
飮食勸進舅食之已亦食之言貌動作未嘗不常度車氏時年二十四只有一歲
幼孤獨撫孤而嗚咽曰吾當死而同歸老舅幼孤依托無人直情自絶非亡夫之
志也但血淚沾襟而已矣恐傷偏舅之心每哀至之時復抑情隱痛未常以戚容
前於舅又謂舅年老喪子必痛矣柔聲愉色先意承順晨昏定省無飢乎无
寒乎殫誠奉養有加於夫在日〻之也舅年踰七十脉而偏執車氏自責曰舅之不安
婦之過也體舅之體心舅之心聽於無聲視於無形起敬起誠必得歡心得一美味如
得重寶而獻之若得新布一縷不着於身必製而備寒舅小有不安節則形憂色悴
不離側而合藥勸進復常乃歡日採蠙供酒草雖暑雨凍潮或不廢併食遣日薄
着過冬〻無人色心夷然其險苦人不堪一朝居車氏行二十年如一日也蓋彝倫日用之
間盡其性全其節古人所貴何獨爲割肉滅性然後爲孝烈也哉今車氏之行此其

性然非勉強爲也民等竊衷所激玆敢齊聲仰籲伏惡據實轉報特爲闡揚之地
幸甚

與朴鳳國書

謹省式此寒哀履何若毁不危身古人所訓庸是奉慰卑氏孝烈文字重違戚囑不敢不露拙句語太荒恐累美德更求他鳳樓之手切可切可此是不諱之言也勿以例視不備疏禮

答磻谷裴源燦書 戊寅十二月二十四日

伏讀示諭縷〻衛道之誠令人欽服而受恥之諭須不可曉也老兄心淸如氷律身如玉霜己與人之道必愼乎毫髮然至若斯文之事是吾黨之責也但見得一箇是與不是而已今之毁譽何足慮哉今世俗貿〻巧於彌縫邊幅而不由中庸託眞售僞是己非人之輩誠亦有之矣豈可畏彼玄烏之玄而變此白鷺之白耶但爲所當爲而已且過期之憂誠然誠然其如義之不足何孔子曰道之將行也與命也道之

將廢也與命也其不可与命爭也明矣斯〻若文未喪白雲殘篇潛夫餘論必有傳世之日矣惟老兄過勿深慮而爲吾道受恥亦何傷也如何如何伏審歲且獻發經履起居一向珍重仰慰仰慰姑閣不備謝禮

與金貞一書

不識入春來能親近書冊否今日人家子侄無故不讀書此不是小病凡爲人子之道侍病之際必究醫書居憂之中須讀喪禮以盡子職況乎居無事之時乎古人用三餘之功蓋有以身立而名達者雖家務紛冗朝暮之間自可以讀書以求放心而涵養本源做箇存主工夫是進學之次第心是活底物若無存主此便是放了君年富又閒暇未嘗無夕有者也可不勉哉歲月如流此老夫之所以爲君惜者也老夫本證之外又添痰氣疾痛刺裂大異他證籧篨戚施俱不可得匍匐度了五七日良苦或曰猫可已痰雖然求之不得有人幸以二首脯猶見惠服之果得神効雖延須臾之命餘祟未祛時復爲肆憫然聞船艙竹

冥 止正

林之間野猫甚衆且易得果然使人圖之若不可得已之亦可也嗟夫老夫此囑無過乎妄意貪生之術也使達觀者見之恐不免折倒矣能一来否神氣昏倒塗鈆走告勿咎庚辰二月十六日芳山病夫敢泐

與金敬坤金鍾祺書

二兒辱問賤疾於寂寞之巷實由(攸)不易況又賜以忘苦遣悶之料爲數日寬此恩義何可忘諸謹問春煦體度珍重覃節均迪瞻溸冞切時中支離呻吟与歲徃還自爾厭世只竢(俟)冥符無足奉聞獨有遺恨者惟吾竹逸先生遺書尚在巾衍之中而不得脫蠹稿當日言行又未得收錄此二件事是實專在於及門諸子之責而地方人(士)事亦不能無共荷追慕之義耳是以去年契會遺書發刋之意公議準定而當日薦出刋所役員義集若干刋費矣遂以公私難閼因循前却而寢至今日可勝歎哉伏惟兩兒本月契日必須枉衆蹈前轍而善圖終則斯文之幸果何如哉且契長任期已滿猥以愚見揣之適任者或恐不出於

家人二字疑是誤文而依本稿始記之

褁礒谷源燦氏之右也非徒契事之左右也實由刋役之主張也与其同志者謀而啚之如何精神有時昏倒多涉忘發少罪焉

與朴必元敬善書

伏問春深日永燕養起居履時鄭重家人均宜孫男生得幾個丈夫子否宜其有閙而未有聞焉自知息交閉門之爲久也時中草木之齡爲六十餘矣狂悖之習与年俱長令日暮途窮人不得歸宿處奮一生之枉了而竊欲追踵舊路聊將幾卷殘書講明乎堯舜性善之說潛伏乎程朱敬義之學收身於旣喪之地求心於久放之處蓋或推還初服而修正彜倫以補於萬分得一之中矣天厭其罔生譴以死疾理所固然夫得何言恭惟南州諸君子以秉彜好德之心嘗殫誠於衛道右文而令於竹逸遺書發刋是事而集若干費以經營之甚盛擧也然而因仍苟且之間不覺坐弄光陰而讎梨仇柬尚然繡得未了此非徒吾黨之有欠抑亦斯文之不幸也可勝惜哉或竊惟老兄元來權輿此事而率先群彥之人也有以體先

鈐

生教誨之勤因以心後人追慕之誠事可就緒而功可告矣惟速圖之是望如時中者今病且死矣何敢与論於諸君子之後哉但此是旨馬聽聆之心也一笑之如何又契長想滿期已殊与二三同志互相詢謀礒谷薦出契長可以庚合衆心亦可以濟得大事若非爽丈文字修正刋費鳩聚恐不能無不虞之歎爾諒存如何嗟夫自此無復相見之期矣伏惟老兄千萬保重

與女婿金貞一書

朱夫子所謂近日讀何書作何事業黃卷中自有無限好田地但人自不知此老夫之常爲君煩之而自不知止也念念在玆漸覺有益勿泛如何有一事不能免面告者竊欲自造病身不可以風衆體又不從令所以坐屈明朝必殊一枉神氣昏倒止此不具庚辰三月十六日芳山病夫敢泐

與景竹契僉座書 庚辰

三月十八日晩學姜時中謹奉書于僉君子文枏執事時中竊伏聞君子莫大乎与人善所謂善之在人者有以裕於我在我者有以及於人而公天下之善也伏惟吾黍同僉執事幸生古稱鄒魯之邦夙講前聖性理之學契以一其心會以齊其儀敬長而親友講信而修睦誘掖相勸而推讓共濟相觀而善之則是爲爲善之一段工夫也如曰舜大聖人也能与人爲善以若別人如何做得是大不然此心死之言哀孰大焉凡人之性善与生俱生而人各自有故雖凡夫不足借於堯舜堯舜亦未嘗兼諸人而爲聖也故顔子曰舜何人也予何人也有爲者亦若是孟子告滕世子曰夫道一而已矣朱子曰兼取衆長以爲己善又聞希聖希賢是皆學者標準襲取之義也豈可以不可跂及而自畫伏惟僉執事以古人自期而奮勇直前自日用彛倫至於應事接人無間人己虛受相長孜孜焉惟日不足而以至專一悠久則盖庶幾於不中不遠而自不知其至於日遷善之域矣此其將吾

黨盖氣〻增斯文漸有聲可不勉哉時中根本昏愚加以不幸風末走作二十餘年
上而負父師之訓下而背朋友之道叛經敗道而為牛為馬無所不至厥罪貫盈天
壤共怒賜以斃疾死復何恨如時中者不足齒人何敢論學於羣彦之後哉只是此
一點子心耿〻不泯故憤此生之枉了而欲効忠於左右以致冒瀆尊嚴不勝惶恐之至
竹逸先生遺書開刋契會之第一大先貝伏想僉執事慮始㝎終之計必有以濟之
矣然至若對攷寫字必須細密精察十分歸當然後可免麤鹵之慮矣深諒如
何如何〻刋所派任記經年揭壁竊恐不可於事反見汗漫之意於時恐惹不穩之
慮於論或有歧貳之端即日除去而其任及姓啣精書保藏恐可〻刋費義集
僉執事必有熟計勝算矣然事貴適中務從義理上做去而不必强不必放使
之兩得其宜如何如何時中暮〻朝人何敢獻議於座下哉只此宿昔之心不容不
發幸須恕察焉

與朴淵庵書

時中狂悖無狀徨彷道路無所於投宿幸而得拜吾大人君子大人君子憐其失路而哀此窮貽年諄諄然提撕誘掖將欲盖人意謂天使(賜)其便而始得依歸矣不圖今者忽忘為大人見絶自知得罪於門下何敢進巧言於左右哉窃竊欲因過畐善伏望幸賜手字使之自新伏祝尊體多福時中病勢日漸沉重朝暮且死夫復何言不備謹狀 庚辰四月十三日

與裵磻谷書 庚辰四月十六日

累矣向人說病太覺支離吾少也驅使衆體衆體從令莫不如意今老也百病蝟集衆體疾痛我今反為衆體所役良苦雖然此是始終報施之道但受其適去之順而已如何如何時中病日漸浸重朝暮垂絶今有面告事又有私囑幸一來相覩如何餘伏祝尊體多福萬加保重

示政姪

蓋葬禮自天子至於庶人於經言之已詳矣然其在不得事情其葬之

之儀不一有報葬者(葬疾)未踰月而葬者也有渴葬者(葬急)不及時而葬者也有還葬者殮而即葬者也子思子曰有其禮有其時無其財君子不行也況無其禮無其時無其財乎竊以古人葬親之儀推之雖孝子慈孫不敢不從時隨勢有抑情而行之矣故子路曰傷哉貧也生無以為養死無以為禮也孔子曰啜菽飲水盡其歡斯之謂孝斂首足形還葬而無椁稱其財斯之禮子游問喪具夫子曰稱家之有無子游曰有無惡乎齊夫子曰有無過禮苟無矣斂首足形還葬縣棺而封人豈有非之哉要使人自盡其誠心也夫葬在誠不在物蓋以其所以葬葬之則葬親之禮庶乎近矣吾家農業賤族又一寒如此汝曹必遵吾言或慮其歸亂命而違之故以夫子子思之言明之庚辰四月二十七日(公越五月一日終)

芳山遺稿卷之三終

思鄕詩

一聲燕雁攪愁眠
獨上高樓月滿天
十二何時非故國
四千餘里又今年
弟兄白髮依〻裏
父祖青山歷〻邊
以待槿花正發
鴨江春水理歸船

園碁

手欲爭先意故遲
草堂簷外日斜時
閒容兩路鷺潛窺底
幽響雙禽替啄枝
山河局少頻飜覆
雖惺兵多任且奇
休怪仙家柯已爛
水流雲去總不知

淪葉撲窓風雨憎
細雨病卧獨燃燈
鐘聲和相溫氣 病根已料由貪圓
藥因疏辰肩破冷氷
此意殷勤誰可識
鬼祟應無借廬憑
童〻桿子眼前凝
趙蒼儂

君

登佛國寺 李泳晩

少小曾聞佛國名
登臨此日不勝情
碧山不語前朝事
流水猶傳故國聲
半月城邊千草合 千字非什字之誤傳耶 野花
瞻星臺下野花明 什草對得好云未知是否
至今四海風塵定
古壘松陰臥戍兵

芳山子遺集

清明冬至後百五日清明之候預作乾糒以氷水食之
謂之禁火亦曰禁烟因以清明前二日為寒食節遇鄭家
家揷柳于門以招子推之魂云云東周列國誌令後人以子推
焚死其日不忍擧火故冷食蓋清明三日前世史畧初卷注
右二說中二日三日不同記此以俟知者

七十生男詩 金芝田

獜角呈瑞鳳毛羽 三千大羅令而兒
一家至願更無違 七十生男世所稀
光後光前惟爾責 百花早晚皆如此
爲賢爲聖乃吾希 不向東風說是非

詠柳絲

垂楊萬縷放春心
半是青蘿半是金
細似織烟還織雨
長猶盈尺又盈尋
世稜多少行高下
陽線早遲色淺深
倘令此絲能繫日
無私白影自然禁

病在腠理不治將深病在血脈不可不治病在腸胃矣宜速治也病在骨髓矣
夫腠理湯熨之所及也血脈針砭之所及也腸胃酒醪之所及也今在骨髓雖司命
其奈之何

引諸沉冥作於苦海

但有一錢看囊恐其羞澁 玩浮
囊空恐羞澁留得一錢看 杜甫

小青龍湯 溢痰用
依本方加石膏三錢
麻杏甘石湯 痰並急忽用
石膏 三錢
麻黃
半夏 各五分
杏仁
甘草 各一錢
麻黃甘草湯 兆急忽用
各三錢
右三方急喘息痾用之

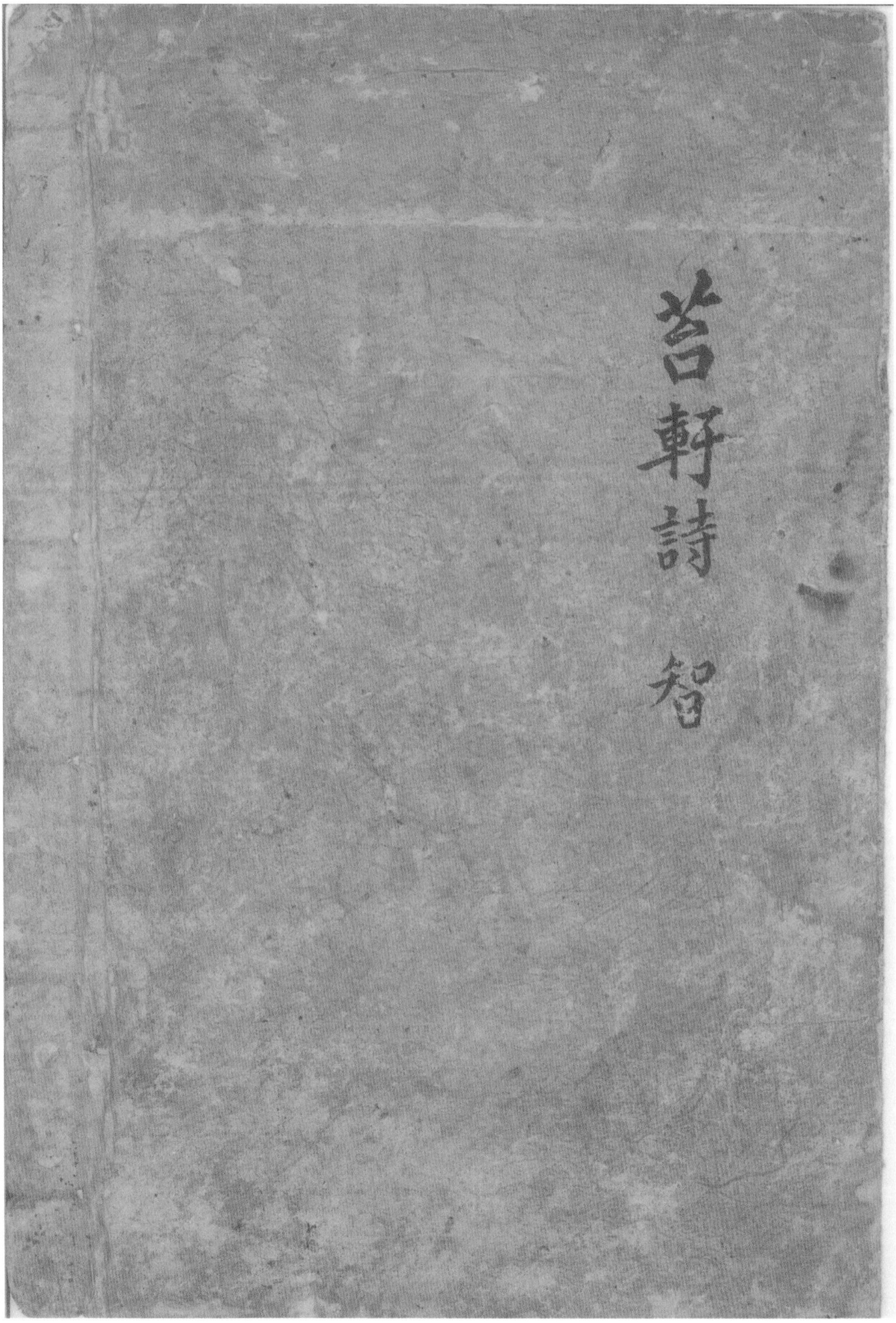
苕軒詩
智

原本影印 **芳山遺稿**

2022년 12월 10일 초판 1쇄 발행

저 자 : 姜時中
발행처 : 晉州姜氏芳山宗中
주 소 : 부산광역시 사상구 사상로 303(덕포동)
기 획 : 姜東官

편집·제작 : 학자원
주 소 : 서울 강동구 천호대로 1121
전 화 : 02) 6403-1000
팩 스 : 02) 6338-1001
E-mail : hakjaone@daum.net
등 록 : 2011년 3월 24일 제2011-14호

ISBN 979-11-6247-280-4 93810
값 50,000원